貧困のため諦めていた大学に自力で進み高校教師になった話

三浦　哲夫

まえがき

今から三年前の三月、私は高校の教員を六十歳で定年退職した。

この本は、私の生まれたところから、大学を卒業し、教師になるまでの二十七年間を描いたものである。

私は、初めから教師を目指していたわけではない。炭鉱の長屋に生まれ、家が貧しいことは子供なりにわかっていたので、本当は大学に行きたかったが、あきらめていた。そして、小さいころは大工仕事や家の設計図面が好きだったので、就職に有利になるようにと考えて工業高校の建築科へ進み、建設会社に就職した。

しかし、やはり大学へ進学したいという気持ちは抑えきれず、一年後に退職し、予備校に通った。その後、結局、四年浪人して大学夜間部の文学部に進み、そこで将来のこと、現実の生活のことを考え、高校の国語の教師になろうと決意した。そして徹底して勉強し、教員採用試験に臨み、合格した。それによって貧困から抜け出たのである。

教師になると、失敗もあり辛いときもあったが、仲間にも助けられ、生活は安定しており、仕事もだんだん面白くなり、毎日が忙しく定年までの三十三年間があっという間に過ぎてしまった。

今、退職して、他の退職者と同じだが、教師になるまでは他の人とずいぶん違う道を歩んだものだと思う。

口には出さなかったが、それは本当に辛く寂しいことの多いものだった。だから、今まで、同僚たちにも、この話はしたことがない。誰にもしゃべったことがないのである。何かの折に話そうとすると、途中で泣きそうになるから、そこでぐっとこらえて、工業高校出身で文系に変わったという表面的なことで、その場を取り繕ってしまう。

それにしても、よく教師になれたものだと自分でも思う。世の中、「本当のやる気」があれば、何とかなるものだ、私の実体験である。こんな人生もあるんだということを多くの皆さんに知っていただけたら、これ以上の喜びはない。

そしてこの本が、自分や子供の人生に悩んでいる人たちに、少しでも励みになったら幸いである。

平成二十八年一月

目次

貧困のため諦めていた大学に自力で進み高校教師になった話

一、炭鉱のマチから札幌へ、小学校まで

1　炭鉱の長屋の一人っ子

北海道のほぼ中央の山の中、炭鉱のまち、歌志内市の長屋に住んでいた。父は炭鉱に勤めていた。当時の炭鉱の長屋はどこも四軒長屋で、トイレはその横に別棟であり、水道は共同で、長屋と別に屋根のついたキャンプ場のような流し場があり、下が土間になってそこでバケツに水を汲んで各家に運ぶのである。各家の台所には直径六十センチ、深さ八十センチくらいの大きな水瓶があり、木の蓋《ふた》をして、そこに水を溜めておき、柄杓《ひしゃく》を使って、炊事から顔洗いまですべてその水を使う。茶の間には真ん中に大きな石炭ストーブがあり、煙突が天井の中を通って屋根の上に出ている。石炭ストーブだから煤がたまり、時々父親たちが屋根の上にのぼって煙突掃除をする。長屋の横の空きスペースにはコンクリートで囲まれた石炭のアクを捨てる場所があった。そういう長屋が何十棟と並んで建っていた。私の家は、その炭住街の一番端にある長屋の一番端の家だった。

その長屋の家で、昭和二十八年一月、私は生まれた。

公園などはないが、炭住街には自動車が入ってこないので、道路が遊び場となる。テレビもまだなかったので、子供たちは皆外で遊ぶ。地面に絵を描いたり、石けり、缶蹴り、紙飛行機、釘さし、ゴム跳び、パッチなどなど。山間地で川が一本流れ、坂道ばかりである。だから小さい頃は、トンボを取ったり、蛙やオタマジャクシを捕まえたり、山の中に入って遊ぶことも多かった。

ある時、三歳か四歳の頃の夏、毎日外で遊んでいて、山の中に入ったのだと思う。そうして全身が漆に負けてしまったことがある。本当に全身にぶつぶつが出てかゆくなって、炭鉱病院に連れて行かれた。病院では、裸にされて白い塗り薬を刷毛のようなもので全身に塗られた。漆は特に皮膚の弱いところが酷くなるようで、脇の下とか、大事な部分が酷くなる。それで、看護婦さんが首から下へ、全身に薬を塗っていったが、あそこの小さい竿の部分で、裏側に塗ろうとしたが、自分の手でつまめないので、私の横にいた母に「これ」と言って指さした。それで母が気がついて「あ」と言って、先っぽをつまんで持ち上げ、看護婦さんが裏側にも薬を塗った。横にいて母がやってくれたのでよく覚えている。その後、包帯で薬を塗った全身をぐるぐる巻いて治療が終わった。服を着て家に帰り、そのまま外に出て、皆に見せたら、皆が「みうらがミイラになった」「本当にミイラみたいだ」とか言って、笑いながらからかった。私は包帯でぐるぐる巻きになっている腕を見せながら、一緒に笑った。漆はうつるというので皆は近づいてこなかった。

私の場合、小遣いの使い道が他の子と違った。当時の小遣いは五円か十円だったが、多くの子たちは駄菓子を買っていたけれども、私は近くの商店で「五円の画用紙ください」と何度も言った覚えがある。それで何を描いたかはもう忘れてしまったが、自然を描くのではなく、自動車やおもちゃなどを描いていたような気がする。その頃、将来なりたい職業はタクシーの運転手だった。何せ近所で自動車を持っている人は誰もいなかった。そして私は機械が大好きであった。自動車は憧れであった。

家族は、炭鉱の坑夫の父と母と祖母と私の四人である。当時、兄弟が四、五人いるのが普通だったが、私は一人っ子であった。母は、私を産んだあとに体調がすぐれず、母乳もあまり出なかったそうだ。のちに、父が知人に話しているのを横で聞いた覚えがある。「哲夫が生まれたとき、医者から、米をすってそれに塩を少し入れ、飲みやすくするために砂糖をまた少し加えて飲ませれ、と言われた。塩を忘れないようにと言っていた。」

当時、粉ミルクはほとんどなかったか、あっても高かっただろう。親戚の家で、山羊を飼っているうちがあり、そこから山羊の乳をもらって飲ませた、という話も聞いたことがある。だから、祖母は私のことをとても心配したようだ。

母は、その後、入退院を繰り返していて、家にいることが少なかった。そして私が小学校四年の時、結核で亡くなった。だから、母の記憶はとても少ない。

2　小学校入学前

小学校に入るまで、当時テレビはまだなかったので外で遊ぶことがほとんどである。暗くなるまで。近所の子がいないときは一人でも外で遊ぶ。何をして遊ぶかというと、家の横の道路、炭住街は車は通らないので、砂遊び、蟻地獄を作ってそこにありを落として観察したり、歩いている蟻に上から砂を落としながら追いかけて砂で埋めてしまう、という残酷なことを平気でやっていた。トンボ取りもよくやった。羽のすべて透き通ったやつ、はねのはしが黒くなっている矢車トンボ、まれに羽根の赤くなっているのがいる。それを見つけたときは夢中になって追いかけて一回だけ捕まえたことがある。そのときはうれしくてしばらく眺めていた。あと、ギンヤンマ、ごくまれにオニヤンマ、しっぽに糸を結びつけて、凧のように飛ばしたことがある。近所の子たちがいるときは、一緒に外で遊んだ。皆テレビもないので外に出てくる。だから、道路や空き地が遊び場となる。とにかく外で遊んでいたのである。雨の日も傘を差して外に出た。もちろん外には誰もいない。が、しとしとと雨の降っている中を傘を差してしばらく歩いていくと、知らない家の玄関の前に犬小屋があり、紐につながれた飼い犬がいる。私が行くとしっぽを振って出てくる。いつも頭を撫でたりしてかわいがっていたからである。

小さいとき、三つか四つの時、祖母と父と母と私の四人そろって夕ご飯を食べていた時の記憶が一つある。ご飯の上にのりの佃煮をかけていた。私も自分の箸で小さな茶碗のご飯の上に少しずつ佃煮をのせて食べていた。それを見ていた父が、あんまり少しだと思ったのか「何、そんだけか」と言って、自分の箸でたくさんの佃煮を取り上げ、「ほれ」と言って盛ってきた。私は自分でやっていたのに茶碗に手をつけられたので嫌がった。するとその時、母が父に、「哲夫は自分でやってるんだからいいっしょ」と言ってくれた。それだけの場面である。父が私にいらないお節介を焼き、母が私の味方になってくれてそれをたしなめた。ということである。だから、これは私にとってはめったにない貴重な記憶である。つまり、母が生きていたら、父は変わっていただろう、今と違っただろう、ということだ。何せ父の自分勝手を押さえることができるのは母だけだったのだから。

あるとき、母が家の掃除をしていた。窓の上などにはたきをかけている。私はそれを、少しはなれたところの畳の上に体育座りをしていて、なぜか、母の姿を、じっと見つめていた。何でそんなことをしたのか自分でもわからないのだが、母の後ろ姿をずっと見つめていた。そのうち母も視線を感じたのか、私の方を見た。私が何で見ているのだろうと、不思議そうな顔をしてこちらを見たのである。その時目と目が合ったのである。そのあとのことは、記憶がない。

幼稚園に一年だけ通った。絵を描くのが好きだった。あるとき、床に画用紙をおいて座りながら絵を描く時間があった。私は青いクレヨンで自動車の絵を描いていた。描いているうちにだんだんおしっこをしたくなってきた。だが、そこのトイレは臭くて何か嫌だったので、私は我慢して絵を続けていた。すると、やがて限界が来て、とうとう知らない間に、座ったままおしっこをその場で漏らしてしまった。周りの子たちが騒ぎ出し先生たちもすぐ気がついて、新聞紙などを持ってきて床を拭いてくれた。私はパンツもズボンもびちょびちょに濡れてしまったので、新聞紙をズボンの中に挟んだりして、そのまま家に帰った。そのとき、いとこの女の子と何人かが家まで一緒についてきてくれた。そして、ついてきてくれた女の子たちが、「おしっこ漏らしたと言ったら怒られるから、川に落ちたことにしよう」と、変に気を遣って、家に着いたとき、母親に「川に落ちた」と女の子たちが言った。私は黙っていた。が、それはあとですぐばれてしまい、母親から「どうして嘘言ったの」と聞かれたことを記憶している。私はやはり黙っていた。そのあとは覚えていない。今思うと、私は嘘を言うつもりはなかったので、はっきり言えばよかったと後悔している。

ある日の夜であった。私は家から、暗く誰もいない外に出た。何かであんまり酷く怒られたので、いたたまれなくなって家を出たのだ。夜で街灯もほとんどないからほぼ真っ暗で、行くところもないのでどうしようもなく、別棟のトイレの横にじっと立っていた。ややあって玄関から「哲夫！」と父の呼ぶ声がした。が、簡単に帰るのもかっこ悪いので返事もしなかった。しばらくして探しに来てくれないので、見つけてもらうために、今度は玄関の横に立っていた。しばらくしてまた父が出てきて「哲夫」と呼んで、すぐ見つけられた。「さっき何で返事しなかったんだ」と言われながら私は家に入った。それだけである。そこだけ覚えているのだ。なぜ怒られたのか、外に出たのか、覚えていないが、想像するとよほどしつこく怒られたのだと思う。父はそういう人だったし、私はめったなことで外に出ることはない。だから、家に戻ったあと、怒られた覚えはない。

小学校入学前だったと思うが、こんなことがあった。近所の子と長屋の前の空き地で遊んでいた時、たまたま、ある活発な女の子と喧嘩になり、その子が小さな石を私に投げてきた。私も対抗して小さな石を投げ返した。そうしたら、彼女の石は当たらず、私の投げた石が彼女に当たってしまった。どこに当たったかはわからない。すると、彼女は泣き出してしまった。家の中の母親がそれに気づき、玄関から外に出てきて、彼女に「どうした？」と聞いた。彼女は「てっちゃんが石投げてきた」と泣きながら言った。母親は私の方を見て、やさしくではあるが「石は投げたらだめだよ」と言った。私はすぐに、「〇〇ちゃんが先に投げてきたんだよ」と言った。するとと母親はその子に「石は投げたらだめでしょ」と言う。その子は「当たらなかったも」と言う。母親は「当たらなくても石は投げたらだめだよ」と、その子の頭を撫でながら言っていた。これだけの場面だが、それをよく覚えている。周りには誰もいなかった。ふだんしゃべらない私が、このときはこう反論してしゃべったのである。なぜか。悔しさである。その子はそうやって母親にしゃべることができる。自分のやったことは言わないで。

しかし、私は自分のことをしゃべる相手がいない。母は入院して家にいないことが多かったので私の味方をしてくれる人がいない。だから、黙っていたら、私が一方的にやったことになってしまう。これは言わなくてはわかってもらえない、と思って、必死で発言したのである。私も反省しなければならないが、本当のことを、大人に是が非でも知ってもらいたかったのだ。だから、ほんとに必死だった。それで、よく覚えていて今でも忘れないでいる。人に、本当のことをわかってもらうのは、大変なことだ。

あるとき、長屋の近所のうちが別の長屋に引っ越すことになった。近所の人たち皆が手伝う。地域の協力がよいのはいいのだが、現実はそればかりではない。十七か八の若者三人が、リヤカーであの大きな水瓶を運んでいた。丸いものを横に積んでいたし、そして坂道もあるからぐらぐらする。私はまだ小さかったので見るだけだった。でもなんか危なっかしい感じがした。すると案の定、運ぶ途中で、その水瓶をリヤカーから落としてしまった。陶器だから落ちたら割れてしまったのである。若者たちは、失敗して困ったようだが、なんか苦笑いをするだけでどうしていいかわからない様子だった。そこのおばさんはそれを見て、本当に困った顔をしていた。若者たちは危ない様子だったのに、全然注意して運ぶという風ではなかった。注意するという意識がなく、私から見て、他人を当てにして適当に運んでいる感じであった。田舎の人は何でも一生懸命働くというイメージがあるが、現実はこういう面もあったのである。

3　小学校に入学する――緊張症

歌志内市立中央小学校に入学する。一年生の時担任された先生が通知箋に書いてくれた。「いつもにこにこして明るいお子さんです。算数の能力に優れています。」と。自分でいうのも気恥ずかしいが、学校の成績は良く、特に算数が得意であった。まじめで人の言うことをよく聞き、いつもにこにこしている。学校が大好きであった。ただ、性格がとても恥ずかしがり屋で、臆病で引っ込み思案で優柔不断であった。だから緊張することが多かった。

父兄参観日の時、私の父母はきていないが、とても緊張していた。算数の時間で、私は黒板に出て解答を書く人の一人に当たった。問題は三桁と二桁の数字の足し算である。私は緊張しながらも、算数は得意だったのでこれはできると思いながら黒板に向かった。黒板の前に着いて、上を見上げ問題を見てチョークを持ち正確に答えを書き、席に戻った。戻って見て、あっ、と思った。上の数字が三桁あり、その三桁目を計算忘れている。確か、そのあと一人ずつもう一度前に出て説明したと思うが、私は前に出て先生に、上の三桁目の数字を指さして「これを忘れた」と言った。本当は下から見て計算してたとき、下の数字が二桁だったので上の数字の三桁目が見えなかったのだ。何故そんなことが起こるのか。つまり、それほど緊張していたのである。

通知箋に書かれている担任の先生方の言葉が懐かしい。

一年生の一学期、「非常に明るく素直なお子様で、いつもにこにこしており、感心しております。各教科とも熱心で申し分なくよくやっております。」二学期、「常に努力されておりますので、成績も良好です。特に算数の理解がよく、実力も充分ついていると思います。三学期もこの調子でがんばってください。」三学期「進級おめでとう。一年間大変よくがんばりました。二年生も負けずにがんばってください。」

二年生、二学期「理解も早くよく頑張っております。もう少し進んで元気よく発表するようにしましょう。」三学期「進級おめでとう。だんだん元気が出てきましたね。三年生もこの調子でがんばってください。」

三年生「学級副委員長。努力しているようです。もう少し学習時の態度に活発さがあってよいと思います。頑張ってください。」

四年生「管理委員。算数科は理解も早く応用力も十分あり、級でも優れている方です。他の教科の学習中とか児童会等ではやや発表力の足りない傾向があるようです。しかし、まじめで交友関係も良く心配不要でしょう。今後は以上の点に意を用いられ良さを伸ばすと共に、活発な態度を養っていきたいと思っています。」

「グループのリーダーとして管理委員としてよく責任を果たしているようです。が、相変わらず意見を述べられず、聞いてもはっきり返答しない傾向が見られます。ノート使用などもっと要領よく丁寧に書くよう仕向けたいと考えておりますので、ご協力をお願いします。進級おめでとうございます。来年度もしっかりやってください。」

これを読んでいると、大袈裟かもしれないが、何か涙が出そうになる。これらは小さい木箱に入れて大事に持って引っ越しにも忘れず、現在まで持ち続けている。四十年ぶりにまた読んだのだ。先生方はやはりよく見ている。私はそこに書かれているとおりの、何かを聞かれても、もじもじしてきちんと答えられない大変内気な子供だった。五年生からは転校したため、なくしてしまった。

一年生のある時、教室で担任の先生に、別の組の先生の所に「これを持って行って」とプリントを持って行くよう頼まれたことがある。その当時は教室の入り口の上に、何々組と書いてあって担任の先生の名前があったはずだ。その名前が封筒に書いてあって「和泉先生」とあった。「泉」という字は「いずみ」と読むことは知っていたが「和泉」と書いてなんと読むかわからなくて、心の中で「わせん先生」「わせん先生」と唱えながら不安な気持ちで教室を探した。

今でもこのことをよく覚えている。そのときの不安な顔で、教室の上の表示板を仰ぎ見ながら探し歩いた気分が今でも忘れないのである。それほど緊張していた。

なぜこんなに緊張するのか。今になってよくわかる気がする。それは家族関係である。私は兄弟がなく一人っ子だった。そして母親が病気がちで、しょっちゅう入院していて家にいないことが多かった。私が生まれてかららしいが。はじめは歌志内の炭鉱病院で、そこでも良くならず、最後は札幌の医大病院に入院し、手術することになった。結核であった。そして、私が小学四年生になったばかりの四月末、母は亡くなった。だから、母の記憶はあまりないのだ。ただ、大事な記憶が今でも忘れないで持っている。母はごく普通の女性である。だが私にとっては、なぜか遠い存在だった。普通の親子の会話もあるが、どうしても遠慮して接することが多かった。入院が多くて家にいた時間が少なかったから。だから、よそよそしくなるのだ。

たぶん小学校低学年の時、バスで親と一緒の遠足があった。はじめ子供たちが先にバスに乗って座っている。そこへ母親たちが乗って子供の隣に座る。私は真ん中より少し前に座った。順番に母親たちが乗ってくるのを私はじっと見ていた。私の母が乗ってきたので合図をして呼び、私の隣に座った。母はバスに弱かったのかもしれないが、あまり気分がよい感じではなく、ほとんど何もしゃべらなかった。後ろの子が私にお菓子を分けてくれた。それで母に「これもらった。」と言うと、母は「どうもって言ったかい。」と言った。それしかしゃべった記憶がないのである。その遠足ではそこの場面の記憶しかない。

また、ある時、母が家で薬を飲んでいた。今と違って、病院の薬は粉薬で苦いのでオブラートに包んで飲むのである。そのあと、台所の戸棚のなにやら奥の方からアメ玉らしきものを取り出して口の中に入れるのを私は見た。私が欲しそうにしていると、それを感じたらしく、母は後ろを向いたままだった。背中を向けられているので、私は何もしゃべることもできず、どうすることもできなかった。当時の粉薬はとても苦いので口直しだったのだと思う。しかし、母が背中を向けたままでいるのは、私にとって何かとても寂しかった。

4　母の死（小学四年）

昭和三十七年四月二十七日、小学四年になってまもなくの朝、今までうちに来たことのない伯母が突然うちにやってきて、泣きながら何かしゃべっている。父は母の入院している医大病院に行っていた。うちには私と祖母しかいない。伯母は泣きながらしゃべっているので、何を言っているのかよくわからなかった。そのうちほかの親戚の人も来て、母が亡くなった、ということがやっとわかった。その伯母の家には電話があったのだ。そのとき、母は結核で札幌の医大病院に入院し手術をしていた。その結果、亡くなったということだった。享年三十四歳。父が付き添いに行っていた。

親戚の伯父たちと私が、マイクロバスに乗って遺体を引き取りに、札幌の病院に行くことになった。歌志内から札幌まで車で約二時間はかかる。途中、なんとそのバスがガス欠になり、近くのガソリンスタンドに伯父たちが歩いていってガソリンを少し運んで来て給油したのを覚えている。私は、マイクロバスの運転手は何をやっているんだと、表には出さなかったが、とても呆れた。

病院に着き、中に入ると父親が待っていた。そして、私に抱きついて、「母さん死んだ。母さん死んだ。」と泣いて言った。そのとき私はどう対応していいかわからず困ったのである。結局私は何もしゃべることができず、泣くこともできなかった。どうしてかわからないが、私は遺体に会っていないのである。

以前、札幌医大病院には一度だけ、見舞いに行ったことがある。父と二人で汽車に乗り、札幌駅からはタクシーに乗った。そのとき、タクシーが線路の上を走っていくのを見て大変驚いた。当時、駅前通りと南一条は市電の路面電車が走っていて、そこをタクシーが走って行ったのである。私にとっては、タクシーに乗るのも初めてで、札幌の市電を見たのも初めてで、それは大変な衝撃であった。

そして、病院に着くと玄関ホールのようなところに、母が来て、しばらくぶりの再会である。結核だったので病室には行かなかったと記憶している。私は何か緊張して父の手を握って連れて行かれて、何もしゃべらずに黙って立っていた。すると母は私を見て「哲夫も来たのかい。」と弾んだ声で言った。このときの母の声は今までにない、うれしそうな高い声だったのである。初めて母の笑顔を見た。だから記憶が強い。が、私はこのとき「母さん」と呼ぶことができなかった。「母さん大丈夫？」とか言えないのである。どうしていいかわからず結局何もしゃべらなかった。何かよそよそしい感じを持ってしまった。そして、これが母と会った最後となってしまった。

当時を思い出すとどうしても悲しくなる。無邪気で明るくちょっとひょうきんな少年だった私が、何もしゃべらない人見知りするような臆病な子供になっていった。人を信頼しまじめに精一杯、無我夢中で生きてきた。母親が早く亡くなり、兄弟もなく、父は子供の人生に関心がなく、社会と直接関わらざるを得なかった。誰かに助けて欲しかったが、どうしていいかわからなかった。

私は、母親が亡くなった、と言われても泣くことがなかった。何が起こったのか、ぴんと来ていないのである。普通なら母親が死んだと言われたら、泣き出すだろう。九歳、小学四年生である。それが何もしゃべらず泣くこともなく、ただ黙って立っていた。そういえば、母が医大病院に入院したということも、手術をしたということも知らなかったのである。父はそういう話をしてくれないのだ。私から聞くこともなかった。「母さんの病気どうなの。」とか「母さん何の病気なの。」とか何も聞かなかった。今思うと、普通ではない感じがする。

母と本当はいっぱいしゃべりたいと思っていたと、今は想像するのだが、その当時は会っていた時間が短いので、どうしても何か遠慮するというか、よそよそしくなるというか、照れくさいというか、感情をぶつけることができなかった。それが原因かもしれないが、今でもよその人に仕事の話はできるが、自分の感情を伝えることはなかなかできない。

葬式の時、納棺の時だったと思うが、棺の中に花を添え皆でお別れをする。たくさんの人が来て、泣きながら花を添えて最後のお別れをするのだが、そのときは私も母の顔を見て、泣いた。ただ、おばさんたちが順に母の唇に口紅をつけてあげて、私の隣のおばさんがつけ終わったあと、次に私に口紅を持って「てっちゃんもつけるかい。てっちゃんもつけるかい。」と、何度も言いながら私に口紅を渡そうとするのだ。何度も言われたが、私は口紅など触ったこともないし、どうしていいのかわからないので困ったなと思っていると、向かい側にいた父が「哲夫はいい、哲夫は（しなくて）いい。」と言ってくれて助かった。ほっとした。周りのおばさんたちの泣き声でとても騒々しい納棺だったという記憶がある。もっと静かにしんみりと母とお別れをしたかった。通夜も告別式もたくさんの人が弔問《ちょうもん》に来てくれてありがたいことだったが、小学四年生の私にとっては何とも騒々しい落ち着かない葬儀であった。その当時は葬儀は自宅でするのが普通だったが、私は自分の居場所がない感じであった。悲しみを悲しみとして感じることができなかった。

母の葬儀の時、担任の先生が弔問に来てくれた。そして父と、母の病気のことを話していて、私は横で聞いていた。その時に、母が結核で亡くなったことを知ったのだ。医大病院でも病状がよくならず、薬もだんだん強くなり、ストレプトマイシンとか、カナマイシンとか、言っていた。また、薬の副作用なのか、他の病気も併発し、最後は腎臓も悪くなり、おしっこが出なくなったとか、亡くなったあと、医者から、解剖したいという話があったが、父が、これ以上傷つけたくないと言って断ったとか、そういう話を、横にいて聞いたように思う。先生は、丁寧に話を聞いてくれていた。

告別式の時、だったろうか、外で参列の皆さんに挨拶する場面があった。その時私は、事前に何も言われず急に、一人で、位牌を持たされ、皆の前に立たされ、横で葬儀委員長か誰かおじさんが挨拶してくれた。父は、亡くなった人の年下のものが立つ、年上の者が立ってはいけないんだ、とか何とか言ってその場にいなかった。私は大勢の前に一人でいるのがとても不安で心細く、周りに父を捜したが、全く見つからない。今でもその時の、その場から逃げ出したいような心細い、寂しい気持ちを忘れられない。母が亡くなって、その悲しさよりも、心寂しい、切ないような思いであった。

5　母の死後――祖母と父と私の三人家族

母が亡くなったあとも、生活はほとんど何も変わらなかった。以前と同じ、母代わりの祖母と父と私小学四年生の息子の三人家族である。学校も四年になり友達も私をまじめでおとなしく成績の良い男子だと認めてくれていた。うちに帰ってきたら、近所の子供たちと外で遊ぶ。私は、自分で言うのも偉そうだが年下の子たちに人気があり、隣近所の小さい子たちを連れて外で遊ぶことが多かった。

冬のある時、外でいつものように小さい子たちを引き連れて雪道を歩いていると、空き地の方で父が近所のおじさんと二人で雪かきをしていた。そして、私が小さい子たちを連れて歩いているのを見つけて、父がそのおじさんに言った。「あれ見て、哲夫はいつも小さい子供たちとばっかり遊んでるさ。」と、バカにするように笑いながら言ったのである。小さい子たちと遊ぶのが、さも弱々しい男とでも言うような言い方で見下すようにニヤニヤしながら言う。一緒にいたおじさんはそれを聞いて、返事はせず、困ったような顔をして苦笑いしながら雪かきを続けていた。私は別に親分気取りで歩いていたわけでもなく、ちびっ子たちと仲良く遊んでいただけだ。だから子供たちも私に喜んでついてきていた。父は、私が小さな子たちに頼られているとおもしろくないのかもしれない。私に何か張り合っているような、あえて言えば私にヤキモチをやいているような感じなのである。

夏は、地面に絵を描いたり、トンボや蝶などの虫取りなど暗くなるまで遊ぶ。冬は毎日雪遊びである。坂道がたくさんあるので、そこで、子供用のスキーやそりで坂の上から下まで滑って遊ぶ。また、雪がたくさん積もるので、その辺の崖から下の空き地の積もった雪の中へジャンプして飛び降りる。五メートルくらいの高さから飛び降りるのだ。下は新雪が二、三メートル積もっているから、ズボッと腰くらいまで埋まり、雪煙が舞い上がる。顔にも雪がかかってしまう。長靴を、雪が入らないように紐で縛っておくが、何回かジャンプするので、そのうちどうしても雪が入ってしまう。全身雪だらけになる。それがおもしろい。南の地域では、夏に、よく崖から川や池にジャンプしてドボンと水の中に入って遊んでいる映像がテレビで放送されるが、それを雪に変えただけで、同じような遊びである。そうやって何度も遊ぶので足が霜焼けになってしまう。雪の中に長くいるので、長靴の中に雪が入り、必ず足の指が霜焼けになり赤く腫れ上がる。それを治すために、バケツにお湯を張り中に石炭を入れ、そこに足首までつける。今で言えば足湯である。そうすると多少良くなる。ただ、そのときは、これを冬は永遠にやり続けるのかあ、と思って気持ちがへこんだ。そんなことが続いた時代だった。

歌志内での記憶はたくさんある。

いつのことだかはわからないが、父の知人の家に何かの用事で父と二人で行った。その家で、父は途中でほかのところへ行って私だけが残った。そして夕方になって、晩ご飯の用意ができた。その家のおじさんが一緒に晩ご飯を食べようと言ってくれた。ただ、私は、全く知らない、一度も来たことのないうちで、一人きりだったので不安だったが、せっかく用意してくれたので一緒に箸をつけた。おじさんが「いっぱい食べれ。うちに帰っても食べなくてもいいように、ここでいっぱい食べていけよ。」と、母親が家にいないのを知っていたのか、気をつかって言ってくれた。だが、やはり知らないうちで一人で食べるのは緊張するので、一膳だけ軽く食べてご馳走さまをした。やがて父が戻ってきて、我が家に帰った。家では祖母が夕ご飯の用意をしてあったので、今度はリラックスしてまた夕食を食べた。そこのうちが、父のどういう関係の人なのか、何も聞いてないので、わからないままである。そこのうちには、その一回だけで、その後は一度も行っていない。

何年生だったか忘れたが、小学校の遠足の時の記憶が残っている。それは、とても人には言えないような苦い思い出である。母が入院してたか亡くなったあとだかわからないが、遠足があり、昼の弁当を持って行かなければならない。それで、祖母がおにぎりを作ってくれた。当時、皆たいていおにぎりなのだが、包み紙が新聞のチラシであった。うちは新聞をとっていなかったのでチラシがなかった。新聞紙はあったが、それだとインクがおにぎりに付いてしまうし、見栄えが悪い。それで、祖母は、格好良くするために、上質の白いチリ紙でおにぎりを包み、その上から新聞紙でくるんだ。

それを持って遠足に行って、昼、皆で昼食ということになり、それぞれおにぎりを出して食べ始めた。私も祖母が作ってくれたおにぎりを出して食べようとした。すると、チリ紙で包んだから、それがおにぎりのご飯にくっついて剥がれないのである。チリ紙がすぐちぎれてしまうので、少しずつ、何回も剥がしたが、まだまだくっついている。私は面倒になって、チリ紙があちこち付いたまま、そのおにぎりをむしゃむしゃと食べた。おにぎりは二つあったが、一つだけ食べて終わりにした。それで十分であった。食べ終わって、ふと顔を上げてみると、近くにいた女の子がじっとこちらを見ていた。チリ紙の付いたまま私が食べていたので驚いたのだろう。決してバカにするような目ではなく、何か不思議そうな目をして見ていたのである。私は少し恥ずかしくなったが、もう一つのおにぎりをリュックにしまって、何事もなかったかのように昼食を終えた。その女の子も何も言わなかった。

遠足が終わってうちに帰ってきて、残ったチリ紙の付いたおにぎりを祖母に見せたら、「チリ紙で包まないいば良かったな。」と、祖母は言った。祖母は寡黙《かもく》な人で、私の世話をすべてやってくれていた。だから、私は不満も何も言わなかった。

この後、小学五年生の時、父の勤めている炭鉱の閉山が始まり、私の家族三人は札幌に引っ越すことになる。

6　赤平市の親戚の家

引っ越す前、歌志内にいたとき、隣のまち、赤平市の親戚のうちへよく行った。そこは、米農家で、赤平の奥の方にあり、父のバイクに乗せられて何度も行った。まわりは田んぼだらけで、夜になると蛙の声が真っ暗闇の中から一斉に聞こえる。家も大きく、広い物置もあり、馬を飼っていた。台所に大きな井戸ポンプがあり、私はそれを動かすのがおもしろくて、何度も水を汲み上げた。少し年上の女の子のいとこが「そんなのおもしろいの。」と不思議そうに言った。きっといつも自分がやっていて大変だという思いをしていたのだろう。夏休みには、数日間泊まったこともある。家の近くに大きなサクランボの木があり、その木に登って、サクランボの実をたくさんとって食べた。そのとき、一度、登っていた足が滑って木から落ちたことがある。背中を打ったが、下は柔らかい土なのでけがは何もしなかった。ただ、自分でびっくりして「わあー」と叫んでしまった。一緒にサクランボをとっていたいとこの女の子がすぐ来てくれた。そして私が何ともないのを見て、「私も前に落ちたことあるの」と言って慰めてくれた。私はそのとき泣きそうな顔をしていたのだ。また、一度、一緒に田植えをさせてもらったことがある。ほんの少しだけだったが、楽しかった。

このうちが、母親の実家だとわかったのは、私が浪人していた頃である。ある時、母の遺品を初めて詳しく見ていたら、母の昔の写真と洋裁学校の賞状があり、そこに書かれている母の姓とその赤平のうちの姓が同じだった。その時になって、赤平のうちに特別な親近感を持ったのだ。それだけ、父はちゃんと話をしてくれなかったのである。

その赤平の家に泊まったときのこと。夜に、風呂に入るということになった。田舎の農家の風呂だから当時はいわゆる五右衛門風呂、つまり大きな鉄の釜に薪で火をたいて沸かすものだ。私より十歳くらい上の男のいとこが、風呂を沸かして入り終わって、私に次に入るように言ってくれた。だが、小学一年か二年の私にとって、それはもちろん初めて見るものであり不安なものであった。風呂のお湯はもちろんぬるくしてあるが、少し濁っていて底が見えない。もちろん、木の板の簀《す》の子が下に敷いてあるという。だから、そのいとこは「もう熱くないから、入れ。」と言う。が、私は臆病だから、大きな風呂釜を目にして、不安で仕方なく、裸にはなったが、愛想笑いするだけで足を入れられなかった。いとこは何度も「熱くないから入れ」と言い、とうとう薪の火を消して「もう火消したから大丈夫だ。入れ。」と言ってくれた。しかし、私は、やはり、熱さではなく、底が見えないということに不安が消えず、ニヤニヤしながらも、ついに湯船に入らなかった。せっかく用意してくれてうれしい気持ちはあるのだが、私の引っ込み思案は変わらなかった。

つまり、そのいとこが、風呂に入った状態で一緒に入ってこいといったら、私も入ったと思う。誰も入ってないところに、一人で入ることがなんといっても恐怖であり、臆病になるのである。

と、長く思っていたのだが、ところが、これを書いてしばらくたったあと、また考えてみたら、そうではないのではないかと思うようになった。私は、湯船に入るのが怖かったと言うよりも、横でいとこが「大丈夫だから入れ、入れ」と見ていてせかすので入れなかったのだ。その場からいなくなって、私一人にしてくれたら、私は恐る恐る自分で入ったと思う。その恐る恐る入る姿を人に見られるのが、どうにも恥ずかしいのである。私は人が見ていると緊張して何もできなくなる。これは今でも同じである。

また、その赤平のうちに行ったときのこと。そこには小さな犬を飼っていた。元気で人なつっこくとてもかわいい犬だった。当然、外に犬小屋を置いて、リードをつけている。私にもリードを持たせてもらってその犬を連れて歩いた。田んぼの中の畔道を、その犬は喜んで走っていく。私は、動物は好きだが、その時初めて犬を連れて歩いたので、どうしたらいいかわからず、犬の走って行く方へ、犬の後ろを付いて走ったり歩いたりしていた。同じところを何度も行ったり来たり、犬に引っ張られて歩いていた。その様子を、いとこの女の子が、私があまりに犬に振り回されている様子を見て、「てっちゃんが引っ張って連れて歩けばいいしょ。」と言ってくれたので、私はその通りにした。すると、その犬は、私の引く方向にちゃんと向かって歩いてくれた。初めて、犬を連れて自由に歩いた。小学校低学年の私は、何かとてもうれしかった。

7　懐かしさの小学校生活

二年か三年の頃だと思う。炭住の近所の長屋に同級生がいた。その男子は、両親がともにとても教育熱心で優しくて、テレビもこの地域で一番早く買っていた。私も含め近所の子たちが集まってテレビを見せてもらっていた。また、家の中に小さな黒板があり、子供たちが集まって、絵を描いてよく遊んだ。私も何度も行き、黒板にヘリコプターの絵を描いたのをよく覚えている。その男子は、弟がいて二人兄弟だったが、兄弟仲は悪く弟がしょっちゅう泣かされていた。彼は学校の成績も良く、クラスでトップ、活発で勝ち気な性格だった。しかし、パッチでは私の方が強く、一度、彼の家で二人でパッチで遊んだとき、私が勝ち続け、全部取ってしまったことがある。そのとき彼は呆然としていた。私は、何か悪いことをしてしまったかな、と少し思った。

また、炭住の近所の男の子たちが集まって、軟式テニスの柔らかいボールを使ってよく野球をして遊んだ。私たちが四年生ぐらいの時、たまたま私がピッチャーになったことがある。そのころの野球は草野球だからカウントをとらず、三振もフォアボールも無しにしていたが、そのときはカウントをとって、三振、フォアボール有りにしていた。それで、ストライクを取れずフォアボールになることが結構あった。私はその頃、野球はそれほどうまくなかった。二年生ぐらいの元気な男の子がバッターに入ったとき、その近所の同級生がその男の子の後ろに立って、小さい声でささやくように言っているのを私は聞いた。「打つな。打つな。」と、にやにやしながら言っているのである。その同級生は、私がストライクを投げられないと高をくって、フォアボールにさせようとしたのである。あいにく、私は緊張したが集中し、打ちやすいような真ん中の球を丁寧に投げて三球ストライクになった。その子は言われた通りバットを振らず、黙って立ったまま三振となった。彼は寂しそうにバッター席から離れていった。その子は小さいが活発な男の子で、打ったらきっとヒットを打つような子だった。それなのに、私を困らせようとわざと打たせなかったのである。その同級生は学校でも傲慢《ごうまん》な態度が時たまあった。その同級生の一家はそのうち引っ越していき、その後、見なくなった。

小学校では給食が出る。給食の前に手を洗うのだが、皆で洗面所に行くと満員になり行列になってしまうので、各自、布巾を濡らしてビニール袋に入れて持ってくることになっていた。その布巾で手を拭いて食事にするのである。ある日、いつものように、給食の時間になったとき、食事の前にビニール袋を出し、中から濡れ布巾を出そうとして袋を開けた瞬間、雑巾のような臭い匂いがして、思わず袋を締めて、手を拭いたふりをしてごまかして、さっさと鞄にしまった。その布巾は、毎日家に持ち帰って洗って次の日持ってくるのが当たり前なのだが、私は、家でその布巾を出したことがなく、もちろん洗うこともなくビニールの袋に入れたまま、次の日また持って行ったのである。二、三日は何とか大丈夫だっただろうが、四日目あたりには匂いが付いてしまったのだと思う。最初にビニール袋に入れるのは祖母がやってくれたのだろうと思うが、その後は、私も出さなかったので忘れてしまったのだろう。私もそのくらいのことは面倒くさいので、言い出さなかった。あまり清潔さにこだわらなかったので、こういう結果になった。その後は、濡れ布巾を持って行かなくなった。クラスでも何人も持っていってない人がいて、安心した。

あの、袋を開けた瞬間の、汗臭い匂いがしてびっくりした記憶がはっきり残っているのである。

それでも、学校は、楽しかった。

ある時、学校で大掃除があった。教室の窓拭きをしたとき、仲の良い友達と二人で、窓を開けて窓のレールのところにまたがってガラスを拭いていた。彼が休憩しようということで窓のレールから教室内に飛び降りた。その時、つま先を窓下のフックに足を引っかけて、危なく転んで落ちるところだった。彼が困惑した顔をしているので、私は「場所代わってやるか」と言って、彼がやっていたところに私がまたがった。すると、今度は私が下に飛び降りたとき、ズボンの膝の裏あたりをフックに引っかけてしまい、ズボンがかぎ裂きに破れてしまった。そこのフックがきっとほかのより少しだけ出っ張っていたのだと思う。担任の先生に言うと、先生は針と糸を出してささっととりあえず、破けたところを縫ってくれて、応急処置をしてくれた。家に帰って、話をして見せたら、父がズボンを見て、「先生も、もうちょっとちゃんと縫ってくれたらいいのにな」と言っていた。私はそれを聞いて、それはあんまり図々しいのではないかと思った。先生は、女の先生だったが、職員室でほかの仕事をしてる最中に、私と友達と二人で報告に行ったので、やってくれた。私は、母親がいないからそれだけで十分うれしかった。だからよく覚えている。その時の職員室の様子をほかの先生も見ていて、「お、副委員長どうした。元気ないぞ」とか、言ってくれた。ズボンは祖母がきれいに縫って直してくれたと思う。黒いズボンで黒い糸だから目立たずにうまく直った。

また、小学四年の時、ある日、炭住街の近くにある歌神駅の近くで遊んでいたら、同級生が何人か集まって、これから担任の先生の家に遊びに行く、と言う。それならおれも行きたい、と言って、一緒に行くことになった。見ると、皆、何かお土産を持っている。私も何か持たなければいけないと思ったが、お金が少ししかない。仕方なく、持っていた小遣い何十円かで駅の売店で、板ガムを二つ買った。誰かがプレゼントだから包んでもらったら、と言ってくれたので、店員さんに頼んで、ガム二つを包装紙で包んでもらった。皆は普通にお菓子の箱のようなものを持っていた。私はこんな小さいものでいいだろうかとちょっと恥ずかしかったが、担任の先生だから、まあ許してくれるだろう、と軽く考えてそれを持って行った。

先生の家に着き、皆それぞれお土産を渡した。私もそのガム二つを包んだものをあげた。あまりに小さかったので、先生は、これは何だろう?と、何か不思議そうに見ていた。

先生の家には、おもちゃがいろいろあって、その中に、レゴブロックみたいなものが三種類、きちんとそろったのがあって、四つ目に、何度か使って余った不揃いのものを集めた箱があった。私たちは、四人で行ったので、三人がそれぞれ、きちんとそろったレゴブロックを「私、これ」と言って持って行った。私は、残った不揃いのブロックの入った箱を持って、それなりに組み立てたり、積み木のようにしたりして遊んだ。私は、人と取り合いをするのが嫌なので、それで十分であった。

最後に、先生はサンドイッチを作ってくれて、皆でご馳走になった。


学校に転校生が来たことがある。見た目に貧しそうな格好で、何もしゃべらない男子だった。田舎ではよくあるタイプの子である。友達も作らず、いつも一人でいることが多かった。私はちょっと可哀想に思って、ある昼休みの時間、「体育館に行って遊ばないか。」と誘った。そうしたら、なんと彼は、「おまえもあいつらに言われておれを連れて行こうとしてるんだべ。」と、反発してきたのだ。私は、びっくりすると同時に何かイラッとした。こっちは親切で言ってやったのに、怒って返事してくるなんて、なんてやつだ、と思ったのだ。あとで知ったが、彼は普段、クラスの生意気な連中にいじめられていて、昼休みは、彼らが体育館にいたのだ。それを気にしていたようだ。その後、しばらくして、彼はまたどこかに転校していった。

8　兄のようないとこ

小学四年か、五年の時、いとこが原付バイクのスーパーカブを持っていて、私に乗って運転してみれと言われ、運転したことがある。もちろん無免許である。ただ、炭住街の中は自動車がはいってこないので、そこだけで、自転車で走るようにその辺を少し、乗り回した。クラッチがない、今のと同じだから単純に、一速に入れ、右ハンドルのアクセルを静かにふかすとゆっくり動き出す。少しスピードが付くと二速に入れ、長屋の横の広い道を走って、大きく曲がって戻ってきた。少し乗り回しただけだったが、それで私は十分満足した。そのあと、私よりずっと年上のいとこが運転しようとしたが、ブレーキとアクセルの操作がうまくいかず結局運転しなかった。

その夜、私は、そのいとこのうちに泊まった。そして夜、布団に入ったあと、しばらくして、隣の部屋でそのいとこが伯父と伯母にきつく叱られているのを布団の中で聞いていた。今考えると当然だ。事故でも起こしたら大変なことだし、転んで大怪我をするかもしれないのだから。

そのいとこは、私の兄のような存在だった。私の遊び相手をしてくれたのである。小学校低学年のころ、古い自転車をもらって練習をしたとき、自転車の後ろをつかんで倒れないように少しずつ押してくれて、何度かそうやっているうちに、私は自転車に乗れるようになった。その練習の最後の時、私が自分でペダルをこいで走っている間、後ろから付いて走りながら、「もう乗れる、乗れる」と励ましてくれたのを覚えている。

また、夏の暑い日、近くの店に連れて行ってくれて、心太《ところてん》を奢ってくれた。私は初めて食べて、その味に驚いたのでよく覚えている。私は、食べる前、寒天のようなものだろうと思っていたのだが、いざ食べてみるとなんと磯の匂いがするではないか。私は磯の匂いが苦手であった。だが、せっかく奢ってもらったので、嫌な顔をするのは悪いと思って、平気な顔をして何とか食べた。

またある時、歌志内の街に一軒だけある喫茶店に連れて行ってくれて、本物のコーヒーを飲ませてもらった。横に小さなクリーム色の入れ物があってすぐ底が見えたので、私は、底の下に何かあるのかなと思って、「これ何よ?」と言って、その入れ物を持ち上げ、傾けて底の裏を見ようとした。当然、中のミルクがこぼれ、テーブルの上に落ちた。そのいとこは慌てて、「あ、違う違う」とか何か言って、こぼれたミルクをスプーンですくってコーヒーに入れたのである。笑いながら。つまり、私がこんな失敗をしても、決して怒らなかった。私は彼に怒られたことも、からかわれたこともない。褒められたことは何度もある。

札幌へ引っ越すことになったとき、私はこのいとこに、「札幌に転校したら、友達できるべか」と、不安な気持ちを漏らしたことがある。すると彼は、「すぐできるさ」と言ってくれて、少し安心した記憶がある。

9　札幌へ引っ越す――札幌駅の裏の社宅

小学五年生、母が亡くなって一年半たった、九月頃、札幌に引っ越すことになる。父の炭鉱の閉山が始まったので、先に札幌に転職し転居していた同僚の人を頼って、その人が勤めていた、ある鋼材会社に転職したのだ。給料は普通より安かったらしい。当時、炭鉱離職者の就職はなかなか難しい、と子供ながらに聞いていた。

住所は札幌市北六条西五丁目、札幌駅のすぐ裏の横、今はヨドバシカメラになっている。時は、昭和三十八年、一九六三年九月頃、その頃は札幌市の人口はまだ九十万人で、もう少しで百万人を超すだろうと言われていた時である。線路はまだ高架になっておらず、札幌駅の北口もまだなかった。まもなくしてプレハブの北口ができた。西五丁目と西一丁目（石狩街道）の二本の道路が陸橋になっていて、線路の北側の北六条西五丁目に、その鋼材会社の間口二間半（約四・五メートル）、奥行き四十メートルほどの細長い倉庫があり、その奥のほうの二階に八畳二間の社宅があった。一階に、倉庫に続いて土間があり、そこに流し台と井戸が付いていた。その奥に引き戸があって廊下があり、トイレと物置が並んである。そして階段を上がって、二階に、八畳の畳の部屋に流し台とガス台が付いている。換気扇はない。窓のすきま風が入ったり出たりするので自然換気である。流しの横に、歌志内から持ってきた大きな水瓶を置いていた。その奥にまた八畳の和室があり、押し入れが付いていた。その社宅は家賃がタダであった。

札幌駅のすぐ裏になるのだが、水道はなく、井戸があって、ちゃんと使えたのである。だから、井戸から二階の水瓶に水汲みをして使っていた。その当時、札幌で井戸を使っていたのは、非常に珍しいことだったと思う。あの水瓶は、後にここから引っ越すときどうしたのだろう、きっと大型ゴミで出したのだろうが、今でもちょっとした水瓶を見ると思い出す。札幌駅が歩いて五分、すぐそこだったので交通には大変便利だった。歌志内からは汽車で二時間ぐらいの距離である。

あの八畳二間の社宅は、私にとって第二の故郷である。小学五年生の夏から、中学三年間、高校三年間、就職して一年間、計約九年間、少年時代を過ごした。それも、隣近所は住宅地ではないので、工場や倉庫、事務所などがほとんどで、友達もまだいないので一人でいることが多かった。田舎から札幌に出てきて、まわりは何もわからず、不安の中で一人で何でも一生懸命だったと、今思うのだ。

札幌に引っ越して、祖母と父と小学五年の私の三人の生活が始まった。その当時は冷蔵庫など持っていなかったときなので、毎日夕方、晩ご飯のおかずを買いに、祖母と私と二人で買い物袋を持って買い物に出かけた。歩いて十分ほどの石狩街道の陸橋の下に露天の市場が出ていてそこが安かったので、野菜や魚を買いによく行った。家が五丁目だから五丁分歩いて行ったのだ。札幌駅の裏の北側はほとんど大きな建物はなかった。祖母と二人でゆっくり歩いて行く。ほかにも歩いて五分ほどの斜めの道路の所にも商店が並んでいて、そこにも二人でよく行った。祖母はもう八十歳過ぎだったので新しいまちに慣れず、私が道案内して歩いた。ほとんど毎日である。中学になったとき部活に何か入りたいとも思ったが、祖母のこともあるので、どこにも入らず、学校が終わったらすぐうちに帰っていた。だから、その時の楽しみはマンガとテレビ、あとプラモデルを作るのが好きだった。

水道がなく井戸水を汲んで水瓶で炊事、食事の用意、朝の顔洗い、米とぎまでしていたが、その時はそれが普通の生活という感覚だった。洗濯は、一階の井戸の横に流しがあり、その横に、昔の洗濯機、手でハンドルを回して脱水する洗濯機を持っていたのでそこでやっていた。

父は会社に勤め、祖母が炊事、そして買い物は私と祖母で行ってくる。スーパーもコンビニもないから、いつも同じ店、同じ商店街に行って夕食の用意をする。おかずは蕗と薩摩揚げの煮物、それにこんにゃくが入ることもある。時々、ホッケの開きを焼いて食べたのを覚えている。貧しい生活は変わらず、ご馳走も、旅行も外食もなかったが、私にとって、とても平和な安心する毎日だった。だから、まわりの地理が分からなく不安はあったが、学校も大変楽しかった。勉強がおもしろかった。

10　札幌の小学校へ転校——少しの不安

学校は、札幌市立北九条小学校に転校となった。家から歩いて北大の正門前を曲がり、二十分ほどで着く。鉄筋コンクリート三階建ての都会の学校であった。初めはやはり緊張していたが、家が近くの男の子たちと話すようになり、だんだん慣れていった。

ある時、休み時間、私がぼうっと横を見つめていると、それに気がついた男子が、私の見ている方向を指さして、小さな声で「ずっとあっちばっかり見てるなあ」と言ってきた。ニヤニヤ笑いながら私のそばに来て言ったのである。それを聞いて、私は、はっとしてまわりを見回して、急に恥ずかしくなった。私は、ある女子にずっと見とれていたのだった。自分でも気づかずに。その女子は色が白く大変きれいな子だったのである。

しばらくして、男子のグループと女子のグループが、ある子の家で一緒に遊ぶことがあった。その時、話の流れで、自分の好きな異性を皆の前で自分の口で言うことになってしまった。私はとっても恥ずかしかったが、照れ笑いしながら、その女子の名前を言った。ほかの男子は別な女子を言った者がけっこう多かった。が、私はやはり、その女子が一番美人だと今でも思っている。

学校生活は、転校生なのでまわりの子たちが親切にしてくれた。成績もまあまあ良かったので、クラスの委員にもしてもらった。ただ、まわりの地理が全くわからないので不安がたくさんあった。遠足の時、坂下グランド集合ということがあり、それがどこかわからないので、地図を見たりして、市電で何とかいったような気がする。近所に住んでいる男子も何人かいて遊びに行ったこともある。また、そろばん塾をやっていた友人が近くにいて、そこに通って、だんだんできるようになり、珠算三級までになった。

しかし、運動会の時、私はとても恥ずかしい思いをした。その日の朝、数人の友達がうちに迎えに来てくれたのだが、その服装を見て、私は非常に焦ったのだ。歌志内では運動会は、白の短パンとランニングシャツ、白い足袋であった。それが、迎えに来てくれた皆は、白のトレパンと上はトレーナーのようなものである。トレパンとはトレーニングパンツのことで長くて白いズボンのようなものである。ジャージはまだなかった。私はどうしようもないので、短パンとランニングシャツを着ていたが、それではあまりに恥ずかしいので、とりあえずその上に普段のポロシャツと黒っぽいズボンをはき、そのまま登校した。登校の途中、私に聞こえないように誰かが「三浦はどうして普段の格好してるのよ?」と言って、誰かが「短パンだけじゃ恥ずかしいからだべ。」と気を遣ってしゃべっているのが聞こえた。学校に着き、教室ではそのままの格好でいたが、いよいよグランドで開会式が行われるというので、仕方なく、短パンとランニングシャツになりグランドに並んだ。周りを見ると、私だけであった。その時は、やはりすごく恥ずかしかったが、我慢した。何もしゃべらず、ラジオ体操か何かやって開会式は無事に終わった。

その迎えに来てくれた近所の友達とよく遊んだ。その友達の家にお邪魔することもあった。すると、そこの母親が友達の世話をする。それを見ているとなんだか羨ましくなり寂しくなる。それで、次第に友達の家には行かなくなっていった。そして、だんだんと私は、一人で遊ぶようになっていった。

私が転校して、少し後に同じく転校してきた女子がいた。おとなしくまじめな子であった。ある時、たまたま座席が私の隣になったことがある。その時のある日の出来事である。わたしは消しゴムを忘れ、その子に貸してもらった。何度も借りて、私が自分の机の上に置くので、その子は、「貸してあげるけど、使い終わったらここにおいてね」と言って、彼女と私の机の間を指さした。が、私は何か練習問題などに取り組むと夢中になってしまい、つい消しゴムを借りた後、また自分の所に置いたままにしてしまう。すると、彼女にまた「使い終わったらここに置いて。」と言われる。しかし、私はまたまた夢中になり、消しゴムを真ん中に置くのを忘れ、自分の所に置いてしまう。そして彼女がまた「消しゴムはここに置いて」と言う。また忘れる。また言われる。これを何度も繰り返してしまい、彼女が「消しゴムはここに置いて！」と、何度目かに言ってきた時、私は、自分が忘れたのを棚に上げて、うるさく思ってしまい、彼女のおなかあたりを、横から蹴ってしまった。彼女はウッとなってうつ伏せになり、泣いてしまった。まわりの子たちが「どうした？どうした？」と寄って来て、大ごとになり、私も自分がしたことが大変なことだと気付き、悪いことをしてしまった、と急に怖くなり、泣いてしまった。消しゴムを置き忘れたとき「ごめん」と言うことができず、彼女の言葉にうるささを感じたのだ。短気でそのくせ泣き虫である。

札幌に引っ越してまもなくのことだったと思う。だから小学五年生の時、私は風邪を引いた。頭がボウーッとして体がだるい。父に言ったら、「熱はないんだよなあ」と一人言のように言って、体温計を取り出した。脇に挟んで計ってみると、三十八度三分くらいあった。頭がぼーっとするのは熱のせいだと私は思った。さっそく、近くの内科病院を探し、札幌駅の地下にあったので、そこへ行って診てもらった。その時、父は医者に、「熱は三十八度三分しかないんですよ。」と言ったのだ。本当である。私は、変なこと言うなあと思ったが、頭がボーっとして何も言わなかった。

しかし、それを聞いた医者は、「三十八度三分、〈しか〉ないって！」と言って苦笑いをしていた。おかしな親だと思ったのだろうが、普通に薬を処方し、診察を終えた。父はやはり、どこかおかしいと思う。この場合、父の、熱はないだろう、熱はないはずだ、熱はあって欲しくない、という思いが強く働いて、父の頭の中でその願望が事実を押さえ込んでしまったのではないか。こういうのを心理学では何か名前があるはずだ。こういうことがあっても、私は誰にも話すことができなかった。祖母に言っても祖母は昔の人で数字を言ってもよくわからない。こういうときに母がいれば全然違ったはずだ、と今は思うのである。

11　祖母と歌志内へ遊びに行く——郷愁

札幌に越してからは、しょっちゅう歌志内の親戚のうちに行った。伯父や伯母のうちが四、五軒あったし知人もたくさんいたから、祖母が行きたがった。祖母は八十歳くらいだから一人で汽車に乗るのも心配があるので、私も一緒に二人で行った。父は仕事があるので行くのは少なかった。

私が夏休みや冬休みの時は、必ず祖母と二人で一週間くらい泊まり歩いた。主に、やはり祖母は娘の家が良かったのだろう、伯母の家に泊まることが多かった。私は祖母に付いて歩いていった。そういうある夏の日の昼、あちこちの知人の家を歩いて、昼ご飯の時間になり、伯母の家に向かって二人で歩いていると、別の伯父の奥さん、おばさんが買い物から帰る所に出会い、「うちで昼ご飯食べていけばいいしょ。」と言ってくれた。祖母は少し迷ったが、やはり伯母の家に戻ると言って、お礼を言って、誘ってくれたおばさんと別れた。

伯母の家に着くと、平日なので男の人は仕事でいないけれど家族の人がいて、皆昼食を終えたあとで、昼寝をしていた。毎年行って泊まっている、ごく親しい親戚のうちなので、祖母は、自分の家のように昼食を用意しようとした。味噌汁が鍋に少し残っていたので、それをストーブの上にのせて温めて、二人で昼ご飯を食べた。歌志内では、夏でも石炭ストーブをつけていた。そこの家には、毎年何度も泊めてもらい、その後も大変お世話になった。いとこやいとこの子とよく遊んでもらった。

ただ、四、五日過ぎてくると、私はだんだんと気持ち的に余裕がなくなり、札幌のうちが恋しくなってくる。札幌のうちに帰りたくなってくる。札幌には帰っても誰もいないが、そこは自分のうちだという安心感があった。

また、そこのうちに行った、ある時のこと、祖母がどこかへ行っていなかったとき、そこのうちの人が私に向かって、「ばばちゃん（祖母のこと）帰ったよ」と、からかいで言った。私は疑わず本気にして、ストーブで焼いていたスルメを置いて、「え！」と言って帰ろうとした。（うちに帰れる）と思ったのである。そこのうちの人はすぐに「嘘だよ。ちょっと出かけただけだ。

すぐ戻ってくる。」と慌てたように、笑いながら言った。私をちょっと脅かそうとしてからかったのだ。だが、私はそれを望んでいた。汽車は一人で乗れる。祖母と乗ってくるときも私が切符を買って乗ってくる。だからその時、私は、札幌のうちに帰りたいという思いだった。しかし、親戚の人たちはよくしてくれるし、祖母の気持ちを思うと、札幌にもう帰ろう、とは言えなかった。

このように学校の夏休みと冬休みには、必ず歌志内に祖母と二人で行った。当時の国鉄で行くのだ。行きは、午後四時頃に歌志内行きの列車があったので、それに乗り、六時頃に着く。帰りは、午後四時頃の普通列車が砂川で札幌行きの普通列車にすぐつながるので、そこで乗り換える。いとこが丁寧に教えてくれた。何度も乗ったので、途中の駅名をほとんど覚えてしまった。私は何度乗っても、必ず窓の外の景色をを見る。寝ることはない。何故か外の景色は懐かしいのである。また、冬の時は、夕方日が落ちるのが早いので、汽車の窓の風景がだんだん暗くなっていく。薄暗い景色の中にポツンポツンと人家の明かりが見える。その窓の風景を眺めているのが好きだった。向こうに着くころには、もう周りは真っ暗になっていた。暗い中、祖母と二人で、ほとんど人のいない道路を駅から伯母の家まで歩いていくのである。五分ほどだが。

また、小学生の時だったと思うが、夏に父と二人で歌志内に行ったことがある。父の知人の家にあちこち連れて行かれた。私は例によって付いていくだけだ。その時、私にとって大変なことが起こった。連れられて歩いているうちに、私は大便を我慢していた。よそのうちで大きい方のトイレを貸してもらうのは何か恥ずかしくて言い出せなかった。父にも言えなかった。日帰りの予定だったので、我慢して、札幌のうちに帰ってからトイレに行こうと思った。ところが、いよいよ我慢ができなくなり、何度ももよおしてくるので、ほかの家に行く途中で父に黙って、その辺の長屋のトイレに、どこのうちのトイレかわからなかったが、入ってみた。少し気張ったが、すでに肛門で便が固まってしまって便意はあるのだが、栓のように詰まった感じでどうしても出なかった。仕方なくそのまま黙って、汽車に乗り札幌のうちに帰った。それで札幌のうちに着いてやっと父に話した。そうして浣腸をしてもらい、やっとの思いで、出すことができた。横で祖母が心配そうに見ていた。夏の暑い日のことである。

12　札幌の小学校生活

小学校にはだんだん慣れてきた。六年の時だったと思う。学校では掃除当番の区域が教室ともう一カ所の二つあった。それで当番を割り振ることになる。どこの学校でもやることだ。クラスの委員が当番表を皆に発表したとき、五、六人の班を一週間で二カ所に順送りで割り振るのだが、一班だけが、たしか月曜と水曜と土曜と、この週は三回入っていた。すると、一班のある男子が手を挙げて立ち上がり、「一班だけ三回入っているから不公平ではないか」と発言した。するとすぐに、ほかの活発な男子数人が、「順送りだから来週は二班が三回になるしょ。何も問題ないよ。」と、最初に発言した男子を諌めた。私は聞いていて、（当然のこと、よく考えたらいいのに）と、心の中で思った。しかし、私が感激したのは次の話だ。これらの話を聞いていた担任の先生がこう言ったのだ。「そんな、掃除が一回多いくらいで、不満を言うのはどうかな、おかしいよ。そんなことぐらいで公平だとか不公平だとか言うのは、変だよ。」　私は感動すると同時に大いに賛同した。心の中で（そうだよ。）と頷いた。

小学校で、炊事遠足が十五島公園で実施された。各グループに分かれて何を作るか決める。私の班は、肉野菜炒めになった。皆それぞれ割り当てられた野菜などを持ち寄り、炊事場でかまどを作り、フライパンで炒め始めた。男子だけの五、六人の班だったので、おおざっぱな調理だった。と、その時、まだ炒め始めたばかりなのに、紙皿と箸を持って食べようとする男子がいた。他の人に遅れまいとして焦っている感じなのだ。すると、他の男子も皿を持ち出して負けずに食べようとする。最初に食べようとした男子は、もう目が食べ物に向いたままで、何か、人に取られたくないと、おどおどしている。なんか変な奴だなあと思った。フライパンにはまだ生の状態の野菜がたくさん残っていたが、もう誰も調理する者はおらず、そのまま放置されて手を付ける者もいなくなった。私は、まだ生なのだから、炒めればいいのに、と思ったが、調理はやったこともなく、手を出さなかった。それに、もし、調理すれば、彼がすぐとって食べようとするので結局誰も手を付けず、そのまま残ってしまった。もったいないとは思ったが、もはやどうすることもできなかった。残念な思い出となってしまった。

また、小学六年の時、私は放送委員になった。その委員会が開かれて、委員会の活動を話し合ったとき、昼休みの放送で何かないか、ということになった。そして、クラスから一人選んで、放送室に集まってもらい、学校生活について何か話し合いをしてもらう座談会みたいなものをやろうと決まった。それで、各クラスから一名選んでくる、となった。私は、誰か出てくれるかなあ、とちょっと心配になった。

朝の会の時、ふだんは、担任の先生からまず連絡があり、そのあと先生が「皆から何かある？」と聞いて、委員などが連絡がある場合、そこで手を挙げて皆に連絡などをする。そして朝の会が終わり、まもなく一時間目が始まる。

それで、委員会の次の日の朝、先生が連絡をして終わったあと、私は手を挙げて放送委員会の人選の話をしようとした。そうしたら、その時に限って、先生は一時間目の準備が忙しかったらしく、「皆からはないでしょ」と言って、すぐ職員室に戻った。連絡がないことも多かったからである。しかし、私は、そう言われると、手を挙げることができず、（あれー、どうしよう・・・）と思いながら、朝の会は終わってしまった。

あとで、休み時間、他のクラスの放送委員から「おまえのクラス、出る人決まったか？」と聞かれ、「いや・・・」と言った。彼のクラスも決まってないみたいで、笑いながら「そしたらおまえが出るのか？」と言われ、「うん」と苦笑いしながら答えた。出る人が決まらなければ、放送委員が出るより仕方がない。私は自分が出るしかないなあ、と思った。

ところが、休み時間に、ある明るくて元気な頭も良い男子にその話をしてみたら、「それなら、おれ出るよ」と言ってくれた。私は助かったと思った。私はしゃべるのが苦手だから。そして、昼休みの放送時間の時、彼は約束通り放送室に来てくれて、他のクラスの代表たちと一緒に、放送委員長が司会をして、学校生活の感想や意見を述べてくれた。私は後ろにいて、見ていた。和やかな雰囲気だった。終わったあと、彼にお礼を言ったら、彼は「楽しかったよ」と言ってくれた。

13　父の会社の倒産、転職

家の方では、札幌に来て一年ほどで父の会社が倒産してしまった。父は、いろいろ次の仕事を探したが、なかなか決まらなかった。そんな時、ちょうど家の隣の隣に駅弁を作る工場があり、すぐ隣がその会社の社宅や寮になっていて、近所づきあいがあった。それで、家のすぐ近くだし、祖母がもう年老いてもいたので心配もあり、その駅弁会社に雇ってもらうことになった。中途採用だから給料は安かったが、贅沢は言ってられない。

その後まもなく下の井戸の水も出づらくなってきて、すぐ隣の父の勤めた会社の寮に、共同の流しがあったので、そこから水道の水をもらうことになり、今度は隣から水汲みということになった。ちょうど隣への出入り口が廊下にあった。水汲みは、醤油の十八リットル缶を、上の部分をあけ取っ手をつけて、それをバケツ代わりにして、何度も水を入れて二階のうちの水瓶に汲み上げるのだ。私も小学から中学へとだんだん力が付いてきたので、水汲みは父と私の仕事みたいになった。一週間に一度くらいだったろうか、あの大きな水瓶いっぱいになるまで、繰り返し隣から水を汲むのである。夏も冬も一年中欠かすことができない。かなりの力仕事である。が、あの水瓶がいっぱいになると一種の満足感があった。

住んでいた社宅と倉庫は、親会社の所有になったようだが、何も使われず、空き倉庫となった。

14　札幌の社宅での生活

札幌に引っ越してからまもなく、小学校の時だったと思う。歌志内でよく近所づきあいをしていた人が、すでに札幌に越していて、今の豊平区に住んでいた。それで、ある時遊びに行って泊まったことがある。よく覚えているのは、泊まった次の日の朝のことである。いつものように、朝起きて、流しの洗面器に水が用意してあり、「てっちゃん顔洗いな」と言われ、顔を洗って洗い終わったあと、顔を拭こうと思ったが、手ぬぐいがどこにあるのかわからなかった。おばさんに聞けばいいのだが、聞くのが恥ずかしくて聞けず、ポケットにハンカチを入れてあったので、それを出して顔を拭いた。今までどこの家でも顔を洗ったら、手ぬぐいを借りて拭いていたのだが。そしたら、それをおばさんが見て、苦笑いして、「てっちゃん、ハンカチで顔を拭いてるさ」と言った。おばさんとしては、言ってくれれば手ぬぐいを貸してやったのに、という気持ちだったと思う。こんなことも人に言えない内気な子供だったのである。

札幌では、外で遊ぶことが少なくなって、マンガを読むことが多くなった。当時、マンガは月刊で「少年」または「少年画報」というのがあったが、結構高かったのでそれを買うことはなかった。が、それが、週刊のマンガ雑誌が出て買えるようになった。今では少年ジャンプが有名なようだが、私の世代では「少年マガジン」と「少年サンデー」「少年キング」の三種類である。小学校五年生の時一冊四十円で、まもなく五十円になった。「マガジン」と「サンデー」はほとんど毎週買って、夢中になって読んだ。一人っ子の私にとってマンガはとても楽しみだった。今でも覚えているのは、ちばてつや氏の確か「紫電改のタカ」とか、野球マンガの「黒い秘密兵器」ぐらいだが。あと名前は覚えていないが、とにかくマガジンとサンデーは発売される日が待ち遠しく、本屋さんに出るとすぐ買って、本の最初の部分には少年用の活字の記事もあったが、それも含めて、最初から最後まで食い入るように読んだ。「ジャンプ」は私が中学過ぎてからで、その時はもうマンガに興味はなくなっていた。

その当時、札幌駅の地下にはステーションデパートがあった。そこは、家から歩いて五分なので、小学校の時から、何度か行って見た。そこの書籍売り場にマンガが置いてあり、玩具売り場におもちゃやプラモデルがたくさん置いてあった。お客さんもたくさんいて、ただ見るだけでもおもしろかった。ある時、私が玩具売り場に他の客と一緒に見ていると、ある知らないおばさんが声をかけてきて、「何してるの?」とやさしく言う。私は、まだ人を疑うことを知らない時期だったから、何もためらわずに、「プラモデルを買いに来た」と言って、手に持っていた五百円札を見せた。すると、そのおばさんは、「そう。買ったら帰るのよ。」とか何か、はっきりは覚えていないが、まじめな表情で、しかしやさしく言ってきた。私はちょっと、誰だろう?と疑問に思ったが、そのまましばらくおもちゃを見続けて家に帰った。

あとから、よく考えてみると、その人はたぶん、巡回していた少年補導員か何かの人だったのではないかと思う。小学生が一人で、街のデパートに行ってはいけないのだ。たしか、校則で、街に行く時は父母同伴でなければならないはずだ。そういうことを私は知らず、一人で行って見ていたのである。ただし、それより遠くは、行ったことのない未知の場所なので行かなかった。中学になってからは、駅前の五番館デパートによく行った。今の西武デパートである。そこには、一番上の階にゲームコーナーがあり、車の運転ゲームや犬の口にピンポン玉を入れるゲームなどがあった。私より年下のいとこが、うちに遊びに来た時、一緒に連れて行って遊んだこともある。屋上に遊具施設もあったと思う。

私はプラモデルを作るのが大好きであった。それも、モーターで走るもの、特に戦車が好きだった。その重厚な形と、どんな悪路でも走る力強さが魅力的だった。買ってくると、まず、箱に入っている図面をよく見て、図面に従ってパーツを組み立てていくことがおもしろい。自分で図面を描いたこともあった。そして、何より、モーターと歯車と車輪、ゴムのキャタピラー、その組み合わせがおもしろかった。歯車を数枚組み合わせることによって、スピードは遅くなるが、力強さが増す。坂道でも登っていく。この運動力学のような実践がおもしろい。今では、コンピューターロボットを作って対戦ゲームをやっているが、それと同じようなことである。一つ作るとその辺を走らせて遊ぶ。何度も走らせ、時々無茶な使い方をして壊してしまう。また新しいのを買う。そうやって何台も戦車を組み立てて走らせて遊んだ。

ある時、近所の友達と二人で、別々の戦車を作った。そして、うちの前の倉庫の土間で、その二台を走らせてみた。彼の作った戦車が私のより速く走った。すると、彼はそこで、「勝ったあ」と叫んだのだ。私は唖然とした。別に競走しようとして作ったのでもなく、走らせたのでもない。よーいドンもしていない。戦車だから、私は坂道やでこぼこの道も走らせてみたいと思っていた。速さだけを競うなら、歯車の大きさや組み合わせを変えればいい話だ。しかし、その友達は、速さだけを競って、「勝った」といって得意げに喜んでいる。私は大いにしらけた。

そのあと、二人でプラモデルで遊ぶことはしなかった。

また、外に出て遊ぶことが少ないので、テレビを見ることも多くなった。と言うか、毎日、家にいるときはテレビであった。テレビは歌志内にいた小学五年生のころ、うちでも買った。周りのうちが買い始めたからだ。札幌で、外遊びが無くなってそれがさらに増えたのである。よく見た番組は、月光仮面が有名だが、それ以外にも、七色仮面、まぼろし探偵、少年ジェッター、ナショナルキッド、少年ケニア、怪傑ハリマオ、さらに後に、隠密剣士、笹りんどう、アメリカのテレビ番組で、宇宙家族ロビンソン（マンガと実写版と両方）、名犬ラッシー、少年フリッパー、奥様は魔女、かわいい魔女ジニー、そして日曜の朝は、鉄腕アトム、鉄人２８号、などなど。夕方から夜もテレビで、テレビを見ながら夕食であった。

さらに後になると、日曜日にしゃぼん玉ホリデー、これはバラエティだが番組の終わりに、ザ・ピーナッツの二人がテーマ曲を歌い、ハナ肇が真ん中に入ってギャグを言い、二人に肘鉄を食らう。そして三人ともいなくなって、ギターのソロ曲が始まり、字幕が流れ終了する。そして寂しくなる。何故かというと、ギターの曲もそうだが、これで日曜日が終わり明日からまた月曜が始まるからだ。

あと、テレビはたくさん見ていて、私は番組にのめり込む方なのでとても印象に残っているものがたくさんある。たとえば「七人の刑事」、これはシリアスな刑事ドラマなのだが、最初にテーマ曲があり、その終わりに大きな目がアップで大写しになり、私はとても怖かった。

また、午後九時から日曜洋画劇場があり、淀川長治氏が解説していた。その番組の終わりのテーマ曲が、とても印象的で寂しかった。これで、本当に日曜が終わり、寝る時間だからだ。

二、中学、高校、そして就職

1　中学校へ通学――新たな気持ち

中学になると、新しい通学路を通うことになった。三年間ほとんど一人で通い続けた。当時の札幌市立陵雲中学校という。今は大通高校になっている。うちから行くには、踏切を渡り植物園の横を曲がっていくのである。たくさんの大きな木々の横をずうっと通ることになる。季節ごとに景色が変わった。

中学に入学したとき、私は少し緊張がほぐれた。それはやはり、小学校は五年の時の転校生だったので、知らない環境で、慣れない不安が心の底にあったのである。それに比べて中学は最初から皆と一緒なので、その分安心であった。勉強もおもしろかったし、学校には、当たり前だが、同年の友達がたくさんいる。

学校では、まじめな態度が皆にだんだん認められ、成績もクラスで十番以内だったので、委員をよくやっていた。

一年のある時、数学の授業中、皆静かに先生の説明を聞いていた。その最中、私の後ろのやつが、先生に見えないように、私の背中を足で突っついたり押っつけたりしてちょっかいを出してきた。私は授業に集中して先生の説明を聞いていたが、なかなか止めないので、皆にそして先生に聞こえるように後ろを向いて「〇〇、足やめれや」と言った。先生もすぐ気がついてくれて「〇〇やめれ。」と言ってくれた。その生徒は、皆がこっちを見たので気まずい笑いを浮かべて足を止めた。私が小さくておとなしい性格だったので、ふざけてからかおうとしたようだ。

あとで、そいつの子分みたいのが、テスト後、自分の結果表を持ってきて、成績を見せ合おうと言ってきた。私は何の疑問も持たず見せ合った。私の成績が結構良かったので、そいつは「オー」と感心したように言った。その後、よく考えてみると、彼は〇〇の使い走りをしていて、きっと私の成績を調べてこいと言われたのだ。〇〇はクラスの腕白仲間の親分みたいなやつだった。私の成績が良かったのがわかったせいなのか、その後、私をからかうことはなかった。

ただ、中学でもやはり遠足は苦手であった。中学一年の時だったと思う。遠足があり、そうなると、弁当を持って行かなくてはならない。その時は、おにぎりはどうにかしてチラシを用意してそれに包んでもらったが、おかずまでは用意できず、私は自分で、魚肉ソーセージを一本買って持って行った。私は料理には全く関心がなく、自分でする気もなく、ソーセージ一本で全く不満はなかった。ただちょっと恥ずかしいけれども、ほとんどこだわりがないので、自分から仲間に、あえておどけて、「これ、おれの弁当」と言って、笑いながら見せた。気にしないのだ。仲間も大して問題にしない。そういうことを気にしない仲間と一緒に昼食をとった。

中学一年の時、部活動には何か入りたいと思ったが、祖母が買い物の地理がわからなく、やはり私がついて行かなくてはならないと思って、どこにも入らなかった。

ある日、放課後、暇があったので、体育館にふらっと部活動を見に行ったことがある。その時は、まだ部活なども始まっておらず、残っていた生徒がばらばらいて適当に遊んでいた。そこに同級生三人がいた。私を見て、一緒に遊ぼうと私を引っ張っていった。ところが、遊ぶのではなく三人で私をいじめようとするのだ。一人がほかの二人に私の両腕を左右に押さえさせて、笑いながら私をくすぐってからかってきた。私は嫌で抵抗したが、二人に両腕を引っ張られているので、体をよじって嫌がることしかできなかった。その一人が、今度は腕を押さえていた一人と交代して、次の者が同じように、くすぐったり、お腹にパンチするまねをしたりしてふざけてきた。何とか逃げようと必死に腕を引っ張ったが、二人に右と左にひっぱられているので、離れることがどうしてもできなかった。私も腕力は弱い方ではなかったが、一本の腕を両手でがっちりと本気で握って、緩めることをしないのでどうしようもなかった。その強く握られた感覚は今でも覚えている。しばらくそうやっていじめられて解放された。

私はさっさと体育館から出て、家に帰った。帰り道、悔しくて涙があふれてきた。人に見られると恥ずかしいので泣いてるのがわからないように、誰もいない植物園の側の歩道を歩いて、泣きながら帰った。そうして家に着くころには泣きやんで、家が近くになると安心して家に入った。それ以後、放課後、体育館に行くことはなかった。

一年の時、自転車に乗ってよく遊んだ。そうしたら、ある日、たまたま仲のいい同級生の男子と出会った。彼も自転車に乗っていた。どこに行く？ということになって、その友達の知っている茨戸公園に行ってみるか、と言われ、私はそれがどこか知らないけれど、うん、と言って友達についていくことにした。西五丁目の通りを自転車でひたすら北に向かって走って行った。札幌駅から約十キロ離れたところであった。だから、かなり走ってようやく着いた。初めての公園である。ボートの乗れる湖があり、遊具もあるとても広い公園であった。

そこに着くと、四人で乗れる籠のようなブランコがあったので、それに友達と二人で乗った。しばらくすると、二人の女子中学生が、私たちも乗せて、と言ってきたので、一緒に四人でそのブランコに乗った。こちら側に男子二人、向かい側に女子二人である。私と彼は、思わぬ展開になって少し照れくさかったが、うれしさもあり、少し強くブランコをこぐ。だんだん早くなって、女子二人が、「ちょっと早くなってない？」と驚いたようなので、僕らは、力を弱めてゆっくりこぐ。そうやってしばらく一緒にブランコに乗って何もしゃべらないので、彼女たちは「そろそろ降りようか」と言って、ブランコを止め、「どうも」と、お互いに頭を下げて、別れた。私と彼は、やはり照れくさかったのである。

公園の中を二人で遊んで、特別なことはなかったが、久しぶりに楽しい思いだった。茨戸公園には、それ一回きりで、あまりに遠いのでそのあとは行ってない。

中学の時、学校を休むほどの風邪を長く引いたことがある。あまりに熱もあり、具合が悪かったので、寝たままで、近所のお医者さんに往診に来てもらった。その時、私は布団に寝てた状態で、お医者さんが来たので、何とか体を起こして手をついた。そうしたら急に胸の具合が悪くなって吐きそうになり、もう一方の手を口に持っていったが、少し吐いてしまった。医者が、「具合悪いかい。洗面器持ってきて。」と言ってくれたので、父が流しから洗面器を持ってきた。持ってきたのはいいのだが、私に洗面器を差し出し「ほれ」「ほれ」と言う。私はそこに吐き出して口を拭こうとしたが、父は「ほれ」「ほれ」と医者の後ろの方から、私の隣には来ないで、洗面器を何度も差し出すのである。つまり、私に洗面器を持て、と言っているのだ。普通だったら、横に来て洗面器を当てて、背中をさするとかするのではないか。しかし、父はこういうときは前に出ず、後ろにいる。面倒くさがっているように見えるのだ。いつもは、私に対してうるさくてしつこいのだが。

中学二年のころだったか、一人の同級生が何か難しい病気になり、長い期間欠席したことがあった。担任の先生から詳しい話はなかったが、病気で長期間休むと言われた。二、三か月もたったころ、あまりに長い間顔を見てないし、今は家にいるということだったので、私は、仲の良かった友達男子数人に呼びかけて、その子の家が学校のそばだったこともあり、皆に見舞いに行ってみないかと、軽く声をかけた。数人が行くということになって、学校帰りに寄る程度なのでお見舞い品を持って行くわけでもなく、それでも数か月も顔を見てないからと、四、五人で彼の家に寄ってみたのである。私とも仲のいい男子のグループだから、皆まじめでおとなしい者ばかりであった。

家の戸をあけて玄関で、おばさんが出てきたが、皆黙っているので私が、「○○君元気ですか。」とおばさんに話しかけた。そしたら、今まで誰も見舞いに来てなかったようで、おばさんは初め、まあ、という感じでちょっと戸惑った様子だったが、その後すぐ、「どうぞ上がってください。」と言って、我々四、五人の男子を喜んで家の中に招いてくれた。彼の部屋があって、彼は普通に元気で一緒に部屋に入った。そこで、学校の様子などを話した。皆おとなしい男子ばかりだったのであんまりしゃべらなかったが、私は教科書を使って授業がどこまで進んだか、など勉強の話をした記憶がある。

2　淡い恋――実らず

二年か三年のある時、学校祭か何かの準備で、日曜日に学校に来て、その準備の作業をしようという話があった。私は、まじめだから約束の時間に学校に行った。教室で何かを作ったが、学校に来たのは、私とさらにまじめな女子と二人だけだった。その女子もまじめでおとなしい子だったので、二人で黙々と何もしゃべらず、学校祭の作品の何かを作っていた。お互いに恥ずかしかったのだ。そうしているうち、私はふと顔を上げて見ると、教室の出入り口の引き戸のガラス越しにこちらをじっと見ている先生の顔に気がついた。直接授業を教えてもらってる先生ではないが、見たことのある先生であった。その先生はこちらのことは知らないだろうから、遠慮してか教室には入ってこない。ただじっとこっちを見ているのである。

たぶん、日曜日に学校に出てきて学校祭の仕事をしているので感心していたのだろうと思うのだが、私は、女子と二人きりだったのでなおさら恥ずかしくなった。早くいなくなればいいのにと思ったのだが、しばらくいたので、私は心の中で、まだ見てる、と思った記憶が残っている。結局、私は彼女と全く話をしなかった、恥ずかしくて。その女子生徒は、成績はクラスの一番で、おとなしい性格で美人で、クラスの特に男子に人気があったのである。私もきれいな子だなあと密かに思っていた。だから、私はこのせっかくのチャンスを、何もしゃべることができずに逃してしまったのである。

また、だいぶ慣れてきたときだったと思うが、その女子生徒から、私は一度、部活動に誘われたことがあった。彼女は計算尺クラブという部活に入っていた。当時は電卓もまだない時代で、計算尺が数学の授業でも使われていた。彼女は数学が得意で、そのクラブに入っていて、私に、「入らない？」と誘ってきたのである。私も数学が得意な方であった。しかし、私はその時、なんと、断ってしまったのである。私には何か特殊な感じがしたのと、その話を廊下でしていたのだが、いつも一緒にいる友人の男子が、彼女の後ろの方にいて、こっちをずっと見ている。私は例によって、見られているという自意識が過剰で、恥ずかしくて断ってしまったのである。何とも情けない話である。

今思うと、彼女がせっかく誘ってくれたのを断ったのは、全くもって、もったいなかったと、悔やむのである。

3　祖母の病

家では、中学二年のころ、祖母のいわゆるぼけが始まってきた。私は、買い物には必ず一緒に行ったので、道順など、祖母の記憶が曖昧になってきていることがわかった。間違った道に行き、私が「ばばちゃん、そっちでないよ。こっちだよ。」と言ったのを覚えている。何か祖母がかわいそうだった。

祖母が一度体調を崩したことがある。中学二年の時の日記がある。

「五月三十一日、火曜、曇。

ばばちゃん（祖母）が病気になったのはきのうからでない。ずっと前からだ。今までは親戚の人たちが来てたので、世話がなかった。が、おとといの日にばばちゃんがだいぶよくなったので帰った。今度はぼくがばばちゃんの世話をしなければならない。だから、朝早く起きて仕事（家事）をして、晩も仕事（家事）をする。（勉強の）計画も考えて立てなければならない。無理がなく、全部のことができるようにしたい。

朝六時に起こされた。眠たかったが、しかたなく起きた。学校に行く時間に遅れた。ばばちゃんが、下で洗濯をするというので、ぼくが（まだ体が本調子でないから止めようとしたが）止めても言うことを聞いてくれない。そのうち父さんが来てやっと上に上がっていった。それでだいぶ時間をとったので、家を出たのは八時ごろ、あと二十分で行かなければならない。僕は急いで学校に行った。学校に着いたのは八時十五分だった。

家に帰ってからすぐ床屋に行った。帰りに買い物をした。自転車でするのでいやではない。むしろ面白いくらいだ。八時ころから勉強を始めた。テレビを見ながらした。九時四十五分ころ寝た。」

祖母は口数の少ない人であった。隣の隣に一軒だけ住宅があり、そのうちにはじいさんとばあさんがいたので、時たま、お茶のみに遊びに行くこともあったが、普段はほとんど家にいて、家事、炊事を毎日やってくれた。娯楽としてはテレビだけだった。札幌で私が孫として一人だったので、私の世話を黙々とやってくれた。

あとで聞いた話だが、祖母は札幌に越してきてからは、私の父に「歌志内に帰るべ。」と何度も言っていたという。歌志内に戻ろう、という意味である。私の前では一度も言っていない。それを聞いたとき、それはそうだろうと私も思った。ここは、倉庫や会社の事務所しかなく、空き地もなく、だから庭や畑などのスペースが全くないのである。歌志内では、貧相な長屋住まいだったが、建物の前や横に、結構な空き地があり、そこを畑にして、トウキビや野菜を作っていた。また、近くの山の中腹あたりに人の歩く道だけがあってそこを登っていくと畑があり、大根をかなりの数、作っていた。そして、毎年、秋になると大根の収穫に行って、家の前で、大根を洗い、家の前に棒を立てて縄を張り、大根干しをしていた。たくあんを漬けるのである。それは周りのほとんどのうちでやっていた。

札幌に来てからは、祖母にとっては何もすることがなくなり、世間話をする地域の人もほとんどいなく、周りの地理もまったくわからない。そういうこともあって、私が中学二年のころ、札幌に来て三年あまり、祖母の年も八十過ぎという年齢もあって痴呆症が始まってきたのである。ある時は、どこに行ったか行方不明になり、警察に届けた。するとその日のうちに、狸小路をうろうろ歩いているところを警察の人に見つけられ、保護された、ということがあった。

4　祖母の転居

それで、うちでは見る人がいないからうちにいるのは難しいので、家族のたくさんいる歌志内の近くのまちの伯父の家に移り、世話をしてもらうことになった。

祖母が伯父の家に移って何か月かたって休みの日、夏休みだったかと思うが、私一人で、その伯父の家に祖母の様子を見に行ったことがある。伯母が、二階の祖母の部屋に私を連れて行ってくれた。祖母は布団の上に座っていた。伯母が祖母に、「誰だかわかるか?」と聞いてくれたが、祖母はただ私を見つめるだけで何も返事をしなかった。痴呆が進んでいた。私は何を言っていいかわからず、ただ、いつもの時と同じように祖母を見つめた。伯母は、二人とも黙っているので、このままだと何もしゃべらないと思ったらしく、たまらず「哲夫だ。」と言ってくれた。祖母は「そうか」と力なく言っただけで、表情はほとんど変わらなかった。私も何を言っていいかわからず、黙ったまましばらくそこにいたが、伯母とともに一階に下りてきた。祖母は二階の一室を与えられ、そこに布団を敷いて、世話をしてもらっていた。

私は例によって何もしゃべることができないでいた。私は、生まれてから中学二年になるまで、祖母に育てられたようなものである。一人っ子だったから歌志内では母親に代わって子育

て と同時に私の遊び相手でもあり、祖母が畑仕事をしているとき、そのそばでトンボ取りをしていた記憶がある。

札幌に越してからも、祖母が私の面倒を見てくれて、ほとんど毎日買い物に一緒に行った。水汲みは父と私がやり、炊事は祖母がやった。夏休みや冬休みは、必ず祖母と二人で歌志内に汽車に乗って行った。何度も行ったので、途中の駅の名前を覚えてしまった。江別、豊幌、岩見沢、幌向、光珠内、美唄、茶志内、峰延、奈井江、砂川。だから、祖母に会いに行ったとき、普通だったら、「ばばちゃん元気か？」とか「哲夫だよ」とか言いそうだけど、引っ込み思案の私は、言葉をかけることができなかったのである。今考えるととても悔やまれる。それは、祖母が母親代わりに中学まで面倒を見てくれた、というか、一緒に買い物に行ったり、生活をともにした人だからである。そして、この日が祖母との最後の対面となったのだ。

5　祖母の死

その後まもなく、私が中学三年の冬休みの一月元旦、その親戚のうちで祖母は亡くなった。老衰であった。ほかの伯父、伯母、皆が集まり、私も父とすぐに行って、静かに葬儀が行われた。享年八十六歳だった。

私のかすかな記憶では、小学六年まで、祖母と一緒に寝ていた。私は祖母の横に寝て、祖母の乳房を触りながら眠りについていた。これは歌志内にいるときからのことで、親戚の伯母たちは知っており、時々このことでからかわれた。恥ずかしかったが、小学五年の時札幌に引っ越してからもそれはやめられず、六年生まで続いたように思う。祖母はそれを拒むことはなかった。また、ある夜、布団に入ったあと急にお腹が痛くなった時がある。じわーっと痛むのである。何か悪いものを食べたのかもしれない。それを横に寝ている祖母に言うと、祖母は私のお腹に掌を当てて静かにゆっくり撫でてくれた。私はしだいに痛みが治まり、そのまま知らないうちに眠ってしまった。

6　父と私の二人家族

祖母が家からいなくなって、父と二人だけの家庭になり、生活面でいろいろなことが変わった。夕食の支度の買い物はあまりしなくなり、近所の大衆食堂で定食を食べることが多くなったのである。特に、銭湯に行ったときは、銭湯も食堂も近くだったので、その帰りに食堂に寄って夕食をとることが多かった。そこは近所の商店が並んでいるところで、一軒だけあるいわゆる大衆食堂である。日替わりの定食があり、それを食べた。毎日ではないが、何度も行ったので、店の人からも父と私は覚えられていた。

中学三年くらいになると私一人で食べに行くことが多くなった。つまり、中学の時から、一人で外食だったのである。私にとって、外食は店の人がいるし、他のお客さんもいるので、緊張しながら食べていた。だから、社会人になってからも、外食よりも、家でゆっくりと、テレビを見ながら一人で食べる方が気が楽であった。外では、どうしても、何故か落ち着かないのである。今になって、対人恐怖症というやつかもしれないと思う時がある。

父と二人きりの家庭になって、学校から家に帰っても誰もいない、という生活になり、自然と、私は一人で家で過ごすことが多くなった。私の趣味というか、好きなことは、その頃はマンガも卒業して、地図を見ることと家の設計であった。地図は必要に迫られて、札幌市内の地図を買い、それを何度も見て家の周りの地理を覚えていった。その地図を眺めるのが好きだった。

家の設計は、設計というか、間取り図を考えることである。その頃、教養文庫に『すまいの設計』という本があり、それに間取り図がたくさん載っていて、しょっちゅうそれを見て想像していた。もし自分が家を建てたら、ここをこうしてああして、と頭の中で空想するのである。それをこの本を見ながら、何時間も続けるのだ。月刊誌で「新しい住まいの設計」というのもあり、たまにそれを買って見ていた。中学の時である。変わった趣味だと思われるだろう。だが、好きだったのである。いくら見ても見飽きない。家に一人で、畳の上で平面図を見続ける。

私にとって一番リラックスする時間だ。こんな中学生は他にまずいないだろうと思う。今で言えばオタクかもしれない。ただ、のちに知人のおじさんから聞いたのだが、小学校にまだ入っていない小さいころ、木材に釘を打つのが好きな子だったらしい。おもしろがって何本も釘を打つ、そしてそれが結構うまかった、という話である。器用ではあったらしい。つまり、大工仕事が好きで、格好つけて言うと、空間認識能力があったのだと思う。数学でも図形問題は大好きであった。

中学の時、祖母がいなくなったあとだと思うが、父は、バイクをやめて軽自動車を買った。いろいろ中古車を探し回り、私も一緒に付き合わされて見ていた。当時は、車種も少なく、軽自動車では、ホンダ、マツダ、スバルぐらいで、なんと言っても安い物を探していたから、なかなか思うようなものは見つからなかった。そんな中で、ある中古車屋さんで一台の車が父の目にとまった。とても安かったのである。それは、黄緑色のマツダＢ３６０という軽自動車である。エンジンは空冷式である。当時、軽自動車は三百六十ＣＣで、水冷式と空冷式と両方あった。空冷式のエンジンは基本的にオートバイと同じである。ラジエーターがないので構造が簡単でその分安くなる。その代わり、夏はいいのだが、ヒーターが弱い。だから北海道の冬の冷えたときなどは、なかなかエンジンがかからず、チョークというものを引いて何度もスターターを回し、エンジンがかかるまで一苦労する。ヒーターもただエンジンを冷やす空気を車内にホースで引き込んで、ぬるい風がくるだけなので、冬は車内が暖まらない。まして北海道の冬はすごく寒いから、車の中も暖まらないで、外と同じくらい寒くなる。

それで、父はとんでもないことを考えた。赤ちゃん用の粉ミルクの缶を使い、その蓋と底に釘で穴をいくつも開ける。それに炭を入れ、火をおこし、助手席の足元にぶら下げ、ヒーターのホースを外して、助手席に乗っている私に持たせ、その缶に風を送らせるのである。すると風によって炭が赤くなりその分暖かくなる。が、しかし、窓を閉め切った車の中で炭をおこすのである。のどが痛くなる。目にしみる。下手すれば、一酸化炭素中毒になるではないか。私は、息苦しくなるので、窓を少し開けて、そこに口を向けて息をし、ホースの風を少しずらす。そうすると父は足元が寒いらしく、「窓を閉めれ」と、運転しながら叫ぶのである。空冷式エンジンは音が大きいから大きな声で叫ぶのだ。私は仕方なく、また窓を閉める。また息苦しくなる。また窓を開ける。また父が叫ぶ。その繰り返しである。何とも、体に良くない、冬のドライブであった。

その後、数年して、今度はホンダの普通の水冷式軽自動車に買い換えた。

うちの隣の隣に住宅があり、そこに私より二つ年下の男の子がいて、時々一緒にプールに行って遊んだ。中島公園の中に屋外のプールがあったのである。夏休みに二人で行って、泳いで、帰りにプールの横の露天の店で串おでんを食べる。薩摩揚げとこんにゃくを割り箸に刺して味噌をつけて売っていた。その場で食べて、帰宅する。その時の定番であった。

その子の父親が、一度、二人をテイネオリンピア遊園地に連れて行ってくれる、と言うので私は喜んで一緒について行った。そこは手稲山の頂上付近にある遊園地で、私の大好きなゴーカートがある。私はまだ乗ったことがなかった。到着すると、すぐ、まずゴーカートに二人順番に乗った。私はうれしくて、ワクワクしながらゴーカートを運転した。おじさんはその時、写真を撮ってくれた。

7　中学校生活——後悔と楽しさと

中学に入って、当時は給食になっていなかったので、毎日、弁当か、売店に予約するパンが昼食となった。父が駅弁の会社に勤めていたので、朝、弁当箱に会社の駅弁のご飯とおかずをささっと詰めてくれて、弁当を持っていくことができた。毎日、ほとんど同じおかずで同じ弁当だったが、私は有り難かった。他の人と同じく、ほとんど毎日、中身が同じでも弁当を持っていくことができたからだ。だから、私は弁当を残したことは一度もない。最後のご飯一粒まできっちり完食した。たまに、弁当が用意できず、パンを食べたこともあった。

一度、弁当を忘れたことがあった。そういうとき担任の先生が、自分の弁当を持ってきて、

「これを食べれ」と言って弁当をくれたのである。もちろんそれは先生の弁当である。「ただ、残すなよ。」と言われて、もちろん私はきっちり食べた。が、一つだけ、筋子だけ、これはあの当時、どうしても食べられなかったので、そこだけ残してしまった。私は、食べ終わったあとお礼だけ言って弁当箱を返した。その担任の先生はまだ若く独身だったので、母親が作ってくれたものだと思う。あとで、弁当箱を開けて、筋子だけ残ってる、と、きっと驚いたことだと思う。私の他にも、何人か、弁当を忘れて先生にもらった者がいたようだ。先生は「弁当忘れたら、おれに言ってこい」と、普段言っていたのである。そして自分の弁当を食べさせる。そういう先生であった。

その先生は、夏休みの時、生徒たちを班ごとに、自宅に招待してくれた。六人くらい、男子三人、女子三人の班で、先生の家に訪問する。そして、室内ゲームを出してくれて、皆でペアを組んでゲームを楽しむ。今のようにテレビゲームなどないが、もう忘れたが、ブロックゲームなどいろいろな室内ゲームが用意されていた。

その途中に、おやつを出してくれる。人数分のお菓子が出る。すると、女子は「あ、私これがいい。」と言って、おいしそうなシュークリームを手に取る。あと残ったそれほど甘くないケーキみたいなお菓子を男子が手にする。

そうやって、班ごとに全員を家に招待し、生徒たちと、また生徒同士の、コミュニケーションを図ってくれたのである。

ずっとあと、私が教員になってしばらくして、ひょんなことからその先生が校長になっていたことがわかった。

いつものように、昼、教室で弁当を食べていると、少し離れたところから、こっちを見ている視線を感じた。ふっと見てみると、数人が私を見て何か笑っている。よく聞いてみると、ある男子が、私の食べ方、ご飯を一粒一粒何回もつまんで食べているのを指摘して笑っている。それを周りの女子何人かが聞いて一緒に笑っているようだった。

私は弁当を残さず食べていた。弁当は、父が駅弁を作る会社に勤めていたので、朝、そこで弁当箱に駅弁の食材を適当に詰めて毎日作ってもらった。だから、おかずは毎日同じものだったが、私にとっては食べ物は貴重なありがたいものだったので残すことはしない。そして、ゆっくり食べる方だった。さらに一粒も残さないで食べるので、最後の方は、弁当箱のはしにあるご飯粒やおかずの切れ端を一つずつきれいにつまんできっちり食べ尽くす。それが私にとっては当たり前だった。その最後の方の、弁当箱の端をいちいちつまんで食べるのを見て、その男子がおもしろがって周りの人たちに言って笑っていたものと思われる。最初は何で笑っているのかわからなかったが、それに気がついて理由がわかって、私は彼が失礼なやつだと思った。何度も一粒づつ食べるのは見てておもしろいかもしれないが、他に笑っている人はいなかったのである。それをあえて指をさして笑うというのは、人をバカにしようとしているだけだ。彼の心は私を笑いものにしようというのが見え見えであった。

また、中学では、技術家庭という科目があり、実習で電動の糸鋸を使う授業があった。たしか、出席番号順に糸鋸を使うので、私はずっと後の方だった。前の人たちが電動の糸鋸を使っているのを見ているると、ベニヤ板に線を引いてそれをなぞって板を押していくのだが、カーブしている所などで、多くの人が、糸鋸が外れてしまって失敗していた。板を押す時、変に力が加わり、糸鋸を機械に固定する部分が、バチンと外れたり、折れたりする。

私の番が来た時、私は糸鋸の位置を確認しながら、丁寧に板を押していく。そうすると、何も問題なく板は切れていった。それを横で、先ほどの私を笑っていた友達が見ていて、私が失敗しないものだから、「おまえは、悪運が強い、悪運が強い」と、冷やかしながら笑って、いつか失敗しないかと願って見ているようだった。私は大工仕事が好きだったし、その辺の力加減は、だいたいわかるので、一度も失敗なく、糸鋸の作業を終えた。別に自慢しているわけではない。彼の、私がやっているところを注目する目と笑いながら冷やかす言葉が、強く印象に残っているのだ。ふだん休み時間などには、一緒に仲良く遊んでいる友達だった。

中学でも炊事遠足があった。男女が三、四人ずつ混ざって一つの班を作る。一年の時、私の班では、ジンギスカンの焼き肉をすることになった。男子が川原で大きな石を集めて釜戸を作り、火をおこして準備をし、肉を焼く用意ができた。すると、一人の女子が、「男子が先に食べて。いっぺんに全員が食べると窮屈になるから。私たち女子はあとで食べるわ。」そして他の女子に「ね、そうしましょ。」と言って、肉や野菜をそばに置いてくれた。ジンギスカンは肉を焼く鉄板が小さいのである。それで男子三人で肉を焼いて先に食べ、終わったあと女子に交代した。

この女子は、ふだんから、ホームルームの時など活発に発言し、頭も良く、しっかりした性格の子であった。私はその女子に感心しながら、男子たちとおいしく食べた。

今ではあまり考えられないと思うが、その当時の女子はそのくらいしっかりしていて、私もすごいなあ、と思ってその時のことが強く記憶に残っている。

また、二年の時は、クラス替えがあったから別の女子三人と一緒の班になって、カレーライスを作るということになった。その時も、一人の女子の健気さというかまじめさに感心した。男子が釜戸を作って、大きな鍋を使ってカレーを作っていく。ところが、当時のカレールーは粉だったような気がするが、すべて煮込んで最後にできたと思ったところ、とても緩くてスープのようになってしまった。片栗粉などもない。それで、一人の女子が、ジャガイモだけを取り出して、すりつぶしてとろみをつけようとしたのだ。下を向いて、一生懸命、へらか何かでジャガイモをつぶしてポテトサラダのように柔らかくしていく。そしてそれを鍋に入れてとろみをつけるわけである。その一生懸命な姿が、今も記憶に鮮明に残っている。彼女もふだんから、まじめで、活発に発言する子であった。

私は、そういう女子たちを見て、感心ばかりしていたのである。

中学二年の時、勉強の面で大きな変化があった。教室で、同級生の成績の良い男子生徒が雑誌の「中二時代」を持ってきて、その話をしていたのを見たのである。私も何かおもしろそうだ、とピンとくるものがあって、その男子から貸してもらって家でじっくり読んでみた。とても興味が湧いてその雑誌をすぐ書店に行って買った。予想通りだった。中学二年の九月ぐらいだった。同世代の人はおわかりだと思うが、当時、「中二時代」と「中二コース」と二種類月刊誌があり、勉強のことを中心に学校生活の記事を参考書の内容も含めて書いてあり、学習雑誌と言われていた。

私は、マンガはさすがに飽きてきたので、何も買ってなかったが、それを知ってから、必ず毎月「中二コース」を買っていた。たまに「中二時代」も買った。私にとっては両方ともおもしろかったのである。特に「コース」の付録が好きだった。その付録に付いていた小さな文庫小説は今でも持っている。その当時はけっこう夢中になって読んでいた。兄弟のいない私にとって数少ない楽しみの一つであった。それがきっかけとなって、小説なども読んでみようか、と思うようになったのである。

中学のたぶん三年の時、同級生男子と女子と数人ずつ集まって、街なかのスケート場に行って遊んだことがあった。初め、男子女子それぞれで滑っていた。しばらくして一休みと思って、休憩するため控えの場所のイスのあるところで休んでいると、ある男子が私の所にやってきて、スケート靴がきついので交換してくれないかと言ってきた。私は何か嫌な感じがして、嫌だよと断ったが、その男子は、何かしら理由をつけて、とてもしつこく何度も何度も、私に向かってきて取り替えてくれと頼んでくる。私は根負けして、取り替えてやった。

そして、スケートリンクに出て滑ってみると、なんと、その靴はアイスホッケー用の靴でとても難しい。スケート靴には何種類か有り、室内スケート場では、普通ハーフスピードと言って、スケートの刃の部分が、先からかかとまで少し長くなっていて、安定して直線が走りやすい。ところが、アイスホッケー用やフィギュア用のスケートは刃の部分が普通より短く、後ろに滑ったり、急カーブを滑ったりするので、つま先とかかとの部分が丸くなっている。だから、素人には難しい。普通に前に滑ると、かかとがないようなものなので、後ろに倒れそうになると、かかとで踏ん張ることができない。私はそのことに気がついて、途中で後ろに倒れそうになるのをやっとの思いでこらえて、ふらふらしながら滑って戻ってきた。これでわかった。彼がしつこく取り替えようとしたのは、滑りずらかったからだ。私は、何とか控えの場所に戻りイスに座った。その後は、もう滑る気がなくなった。

その後ややあって、女子二人が私の所にやってきて、一緒に滑ろうと言ってくれた。が、私は、危なくてこれ以上滑れないので、せっかくの誘いを断ってしまったのである。女子はこの事情を知らないので、私のことを冷たい人だと思ったに違いない。断るつもりはなかったのだが。

それにしても、今思うと、その男子の頼みをその時、断固断れば良かったと思うのだ。そのスケート場の貸し靴だから、受付に行って交換してもらうことを考えればいいのだ。料金がかかるかもしれないが。しかし、彼が私の所に来たのは、やはり、私が人がいい、頼めば断らない、ということをわかって私の所へ来たのだと思う。彼はその後、一人で、何もなかったかのようにすいすいと滑っていった。

女子二人は、残念そうにスケートリンクに戻っていった。今になって、私は彼女らに悪いことをしたと後悔している。あのとき、ちゃんと事情を話して、自分が受付に行って靴を取り替えてもらえば良かったと思うのである。

なんだかんだ言いながらも、中学生活は、本当に楽しかった。学校へ行くのが楽しみでしょうがないくらいであった。だから、遅刻は一回もない。風邪を引いて休んだことは何回かある。また、学校行事などには一生懸命参加した。夏休みの時など、早く夏休みが終わって学校が始まらないかなあ、と始業式を楽しみに待っていた。学校が休みで家に一人でいるのは、やはり寂しかったのである。

8　高校受験――工業高校建築科

中学三年の時、他の人と同じように高校受験を考えた。私は前々から決めていた。それは、工業高校の建築科に進むことである。前に書いたように私は家の設計図面が大好きであった。だから、建築士になりたいと思った。

ただ、父が、家には金がないことをしきりに言ってきて、それは私も実感していたので、大学に行くのはあきらめていた。本当は行きたかったのだが。そしてさらに、父は、「私立高校は授業料が高い。」と何度も言っているので、私は、公立の工業高校を受け、滑り止めの私立高校は受けなかった。もし、公立高校が落ちたら中学浪人をして来年、再度工業高校を受けるつもりだった。それほど、父の圧力は強かった。

そして、中学三年の秋の終わり、いよいよ受験勉強も本格的にしようという時、父は知り合いの人の親戚で塾を経営している人がいるということを聞いて、私にそこへ行くように言ってきた。知人の紹介なので、普通より安くしてもらえるという。ただ、場所は今の南区で電車通りの近くだったので、札幌駅前から市電で通わなくてはならない。当時、市電は北は新琴似駅前から、そして札幌駅前通りを通って、現在の南二十二条までつながっていた。

週に三回、夕方六時から九時くらいまで、だから、帰りは、暗い中を市電に乗って帰った。私は初めあまり気が進まなかった。そこは、札幌の教育熱心な南地域の柏中学や啓明中学の生徒が多く、札幌で一番レベルの高い南高を目指す人が多い塾だったのである。だが、父と知人とで大人同士で話が進められて、行くことになった。

授業は、特に問題なく受けることができたが、宿題がけっこう出て、家で勉強するのが大変で、夜遅く十二時過ぎまでかかることもよくあった。時には、二時、三時になり、父が弁当の会社では早番になると、三時起きになるので、父の起きた布団に、私が入って寝るということもあった。冬になると、普通布団に入って暖まるまで時間がかかるが、父の寝ていた布団に入ると暖かいのですぐ眠りについた。

その塾で学力的には他の生徒より下だったので、先生も考えてくれて、私に、薄い一冊の英語の問題集をくれた。「これを自分で解いて提出しなさい。」英語の文章問題である。総合問題だから、いろいろな問題が入っている。私はそれを辞書を引いて、何度も徹底的に引いて、文章をまず完全に訳した。一つの疑問もないように辞書を何度も引き、そして設問をすべて解答していった。文章と関わらない文法問題などは、参考書も使って、とにかくわかるまで調べた。調べて納得がいってから解答した。

だから、一か月くらいかかっただろうか、その問題集をすべて解答して、先生に提出した。

先生は「これをやって、かなり力がついたね」と言ってくれた。ただ、解答書はなく、問題集もそのまま返してくれたので、ちょっと拍子抜けした。が、この問題集を自力で解くことによって、本当に学力が付いたと思った。成績も向上した。今までで一番勉強したのではないかと思う。

受験校は担任の先生と相談して、札幌琴似工業高校建築科にした。ここなら大丈夫だろうと言われていたので、あまり緊張もせずに受験し、すんなり合格した。受験の日、風邪を引いて毎年のように出ている咳が出ていたが、いつものことだと思っていたので平気だった。希望の建築科に入ったので、学校生活がとても楽しみだった。入学までの春休みの時、教科書も早めに買って、ぱらぱらとめくって眺めていた。胸がワクワクするようだった。

9　高校へ通う

通学方法は、大通公園の西二丁目にバスセンターがあって、そこから琴似工業高校行きのバスがあったので、それに乗って通った。バスセンターまで行くには、家から西五丁目通りを歩いていく。ちょうど道庁の前の道を大通りまで歩くのである。道庁にはたくさんの木々があるので、ここでも四季折々の植物を見ながら、秋にはたくさんの落ち葉の上を歩き、冬には雪の上を歩き、また、たくさんのビルを見ながら、大通り二丁目まで歩いた。

高校では、是非部活動に入りたいと思っていて、中学三年の時、球技大会で卓球を覚えて好きになったので、卓球部に入部した。毎日、放課後残って部活動に参加した。初めは基本トレーニングと素振りばかりであった。それでも、中学の時にできなかった本格的にスポーツを初めてできて毎日楽しかった。夏休みには、一週間の合宿があった。学校近くの神社に泊まり込み、学校の体育館まで行って、毎日本格的なボールの打ち合う練習をした。その時になって初めて、台を使ってボールを打つことができた。本格的な卓球を練習して、その時は高校生活が普通に楽しかった。このときの一年間で、今までなかった体力が相当付いた。体育の授業でマラソンの練習をしても、クラス四十人の中で十番以内に入った。勉強も部活も、順調に高校生活を送ることができた。

しかし、二年になって、最初のころ、五月か六月、他校と部活の試合があって、その時、先輩の三年生の一人とトラブルがあり、二年生数人が部をやめた。その先輩は、部室に二年生を呼び出し、他の部員が試合中で応援してるときに、二年生が笑ったから、頭を坊主にするか部をやめるかどっちかにすれというのだ。私もどう考えても納得できないので部をやめることにした。そうしたらその先輩は、やめるならやめてもいいが、それでも卒業した先輩たちに恩があるのだから坊主にすれ、と言う。私は意味がわからず、正座させられたまま黙った。その先輩も終いには何もしゃべらず、沈黙が二十分、三十分と続いた。そしてしばらくしてやっと解放された。後に別の三年生の先輩にバスの中でたまたま出会ったので、このことを話したら、とてもびっくりしていた。だから、他の先輩たちも顧問の先生も誰も知らないのである。

10　英語の勉強と学校生活

やっと部をやめたあと、私は勉強に専念しようと考えた。専門科目はもちろん、一般科目も、卒業したらもう勉強する機会はないだろうと思ってがんばった。

特に、英語が、二年の時の担当の先生がとても楽しく勉強の話をするので、どんどん興味を持つようになり、夏休み頃から、ラジオの「英語会話」という番組を知り、毎日欠かさず聞いて勉強した。それがおもしろくなり、英語の本、片ページに訳が付いていたり、別冊で訳が付いてたりするものだが、それを使って、英語の文章を、辞書を引きながら読んだのである。そして英語に関連する書籍も読み始めた。さらに、丸善書店に何度も行き英語関連の本を立ち読みした。当時、英会話のテープがいろいろ売られていて、一万円くらいしたが、どうしても欲しくなり父に言って買ってもらった。ただ、これはやはり一人でやってても飽きてきて、所々を数回練習して、だんだん使わなくなった。

しかし、英語の勉強は続けて、なんとタイプライターを買って練習した。教本も買ってブラインドタッチも覚え、案外と早く打てるようになった。いとこが珍しがって、遊びに来たとき、「哲、打ってみれ」と言われたので、英文を数行、十本の指を使って打って見せた。いとこは感心してたようだった。おかげで、学校の英語もできるようになり、三年の初め頃のテストで百点を取ったことがある。

また、学校ではあまり知られていなかった英語検定を知り、参考書を買って自分で勉強した。そして、三年の夏休みには、英語検定の三級と二級を受けたのだが、三級は合格し、二級は一次試験の筆記は受かったが、二次の会話試験は惜しくも不合格のAをもらった。当時、準二級はなかった。その時、少しだけ言葉のおもしろさを学んだような気がする。このときの勉強で今でも、ある程度の英語がわかるのである。

日曜日は、よく外に出るのだが、私の場合、駅前通りを歩き、本屋さん巡りをする。駅前から、明正堂、なにわ書房、アテネ書房、大通りを越えて富貴堂、そして丸善書店まで、まわって歩く。立ち読みしながら。帰りは、大通公園でちょっと休憩して、また駅前通りを歩いて帰ってくる。これが、だいたい私の日曜日の日課であった。

学校では、二年の時、同級生が虫垂炎になり、入院、手術をしたことがあった。クラスでけっこう仲良くしてたやつだったので、友達を誘ってお見舞いに行くことになった。その時、何かお見舞いのお菓子などを買って持って行こうと友達と話し、三人で一人が五百円ずつ出し合って、お菓子を買った。お腹の手術をしてるから、あまりお腹に負担のかからないものがいいだろうと考えて、箱に入ったカステラを買って持って行った。その時、ちょうど担任の先生も見舞いに来た。先生もお見舞いのお菓子を買って持ってきていた。

実はこれには後日談がある。その同級生が退院して、学校に来るようになって、教室で、私と友人と三人で見舞いに行った、お菓子を持って行った、ということを他の同級生と話したときのことだった。その入院した友人はこう言ったのだ。持って行ったお菓子のことを「何もクリームも付いてないカステラだけのお菓子な。」と、つまらないもののように話したのだ。きっと、先生は、甘いお菓子かケーキを持っていったのだろう。こちらは、術後のことを考えて、皆で小遣いを出し合って買って持って行ったのに、不満だけ言っていた。私も友人も呆れて、何も言わなかった。

それから、この高校では、実習棟の教室は、冬にはまだ石炭ストーブを焚いていた。そして、ストーブを使った日は、放課後、日直二人がそのアクを捨ててきれいにしておく仕事があった。日直は二人なので、私ともう一人と当番になった時、最初は私がやり、次に当番になった時、彼に「この前おれがやったから今度はおまえだぞ」とやんわり言った。彼はふだんからいい加減なところがあり、サボりそうだったので念を押したのだ。彼ははっきり返事をしなかった。

それで、私はやはり心配になって放課後、実習室に行って見てみると、案の定、何もやっていない。私は仕方なく、自分でまた、アクを捨てに行った。一冬に当番になるのは二回くらいなので、その年はそれで終わった。後日、彼には何も言わなかった。言っても流されるだけで、何も変わらないと思った。彼には言っても無駄だと思ったのだ。彼は、私がまじめな性格だということを十分知っていたから、自分がやらなくても私がやるだろうと考えて、逃げたのだ。

学校では、建築の専門の勉強も一生懸命やった。ある時、工業高校生対象の住宅設計コンクールというのがあった。私も張り切って応募した。前から設計は好きだったので、ほとんど時間もかからず、示された条件の下で図面ができあがった。クラスでもう一人応募した者がいて、彼は先生に見てもらって指導を受けて図面を作っていた。応募の結果、彼は金賞になり、私は銀賞であった。銀賞でも、私は自分一人の力で作ったので満足だった。ただ、応募したのはクラスで二人だけだったが。

11　猫を飼う、出産

中学二年のころの話に戻るが、祖母がいなくなって父と二人暮らしの時、家の付近に一匹の野良猫が迷い込んできたことがある。これがとても人なつこくて、しばらくご飯をやったりしてしょっちゅう家に来るので、うちで飼うことにした。白と茶の雌でまだ小さい猫だった。中学校で作文の時間の時、この猫のことを書いた。漱石のまねをして「吾輩は猫である」と題をつけて書いた。これがなかなか好評で、担任の先生も褒めてくれたのを覚えている。兄弟がいなかったのでこの猫とよく遊んだ。紙をぐちゃぐちゃに丸めてテニスボールぐらいにして、糸を付けてそれを引っ張って猫じゃらしにする。すると、けっこうじゃれて跳んだり跳ねたり、走って追いかけ回したりしてよく遊ぶ。

この猫が、私が高校の時、身ごもった。春になると、さかりが付いて外に出てニャーニャー鳴いていて、そのうちどこからか雄の猫が家の近くに来たことがある。きっとこの雄の子だと思う。妊娠したと思われたあと、猫はじゃれなくなりじっとしていることが多かった。その出産の時のことをはっきりと覚えている。いつもより、盛んにニャーニャーと鳴いて、押し入れの布団の上に乗っている。押し入れはふすまでなくカーテンで仕切っていた。おれの顔を見て、ニャーニャーと鳴き続けるのだ。おれはきっと生まれるのだなと思ったが、どうしていいかわからず、ただ、動物は出産するとき人目に付かないところで生むということを聞いたことがあって、見えないようにした方がいいと思って、タオルを敷いて押入のカーテンを閉めた。しばらくして鳴かなくなり、待っていると、なにやら生まれたかもしれないと思って、カーテンを開けてみると、小さな赤ちゃん猫が二匹、母猫の後ろの方に横たわっていた。母猫が懸命に舐めている。が、しかし、赤ちゃん猫は二匹とも全く動かない。死産だったのだろうか、おれは少し怖くなったが、見ていると母猫が子猫を舐め続けるが、動かないので、そのうち子猫をかじり始めた。おれは見てて、あまりに可哀想になって、母猫を布団からおろしてやった。その後どうしたかはあまり記憶がない。

ただ、父が帰ってきたとき、報告したら、赤ちゃん猫をどこかに処分したようだ。母猫は、何ともなく、いつも通りの状態に戻ったが、何か可哀想だった。あのとき、カーテンを閉めず、ずっと見てやってお産を手伝ってやれば良かったと思う。父は、母猫が初産なので慣れてなくて、出産後、赤ちゃんの上に乗っかって、赤ちゃんが窒息してしまったのではないか、と言った。私もその時は、そういうものなのかと思ったが、最近になっていろいろ考えると、母猫が、生まれたばかりの赤ちゃんをすぐに舐めることができず、羊水の袋のようなものがとれず、そのために窒息したのではないかと思った。ある時テレビで、おばさんが、猫の出産をずっと見ていて、猫は赤ちゃんを産んだあとすぐ舐めて袋を食べてしまう、すべて生まれたあとのもの、胎盤までも舐めて食べてしまう、という話をしていた。そういえば、野生の動物はそうやって赤ちゃんが生まれた痕跡をなくして、他の肉食動物に襲われないようにする、ということをテレビか何かで見たような気がする。

だから、あのときずっと見てやって、赤ちゃんが生まれたら、すぐ母猫を赤ちゃんに向けてやって舐めさせれば良かったのだと思う。私は無知であった。生まれる前にニャーニャー鳴いていたのは、母猫もきっと不安で、おれにずっと見ててくれと言っていたのではないか、と想像するのだ。

12　テレビの映画番組

高校の時か、中学の時か忘れてしまったが、夏休みや日曜日の日中は家に誰もいないことが多いので、自然と一人でテレビを見ることが多かった。その中で午後、映画を放送することがあって、私はよく見ていた。その映画の中で、二本の映画が、今も印象に残っている。

一つは、ローマ時代のある勇者の物語。どこかのまちの老人、彼は予言者か何かの長老のような存在で、主人公の勇者にある秘密の話をする。それは、ここから東へずうっと行くと、あるところに、世界の、この世の中の秘密が書かれた本があるという。勇者はそれを聞いて、是非とも手に入れたいと思い、そうして、仲間数人を連れ従えて、東への旅に出る。ずっと遠くだから、途中、いろいろな災難に遭遇する。厳しい山があり、大きな川を渡り、時には山賊に出会ったりして、あらゆる困難に立ち向かう。それらを乗り越え、東の土地の教えられた場所に、ついに到着する。そして、その百科事典のような大きな本を見つけ、開いてみるのだ。

ところが、その勇者は、その本を開いて一ページ目を見ると、何か不思議そうな顔をする。

本を立てて開いているので、画面からは、本の表紙と勇者の顔しか映っていない。次のページをめくって見る。また妙な顔をする。そして次のページ、次のページと見ていく。それを繰り返していくうちに、勇者の表情はだんだんと笑い出していく。最後には、大きな口を開けて、大きな声で笑ってしまうのだ。そして本を仲間に見せる。

するとそこに書かれているのは、言葉でも何でもない。それは、鏡だったのである。次のページも鏡、次のページも鏡、鏡ばかりの本であった。だから、その本に見えるのは、自分の顔ばかりである。つまり、この世の秘密とは、なんと自分自身だった、ということである。だから、勇者は高笑いしたのだ。

「おのれ自身を知れ」とか「教養とは自分を知ること」とか、よく言われるが、私は、四十年以上も前、十代の時に、そのことをこの映画で教わった。そしてその時、何か、とても愉快になったのをよく覚えている。こういういい映画を、是非再放送してもらいたいものだと思う。

もう一つは、ある大きな客船が、嵐に巻き込まれる物語である。これだけなら、よくあるドラマだが、これはその後が違った。

客船が台風の嵐に遭遇し難破する。無線も壊れ連絡が取れない。そのうち船は傾き、沈没していく。多くの人々が、救命胴着をつけて、海の上に投げ出される。その中に、一隻だけ救難用の大きめのゴムボートがある。十人ほど乗っている。そこに船長もようやくの思いで乗り込む。また、数人乗せようとしている。するとそこで、ある人が、「これ以上乗せると、ボートが沈んでしまう。この人数で、早く嵐から抜け出して、助けを呼ぼう。」と船長に話す。ボートはそれ一隻しかないので、他のたくさんの人たちは、嵐の中、救命具をつけて海上にぷかぷかと顔だけ浮かせて助けを求めている。大雨が降り強い風が海面を揺らす。これ以上ボートに乗せるとボートは沈む。乗せずに行くと、残された人たちは死んでしまうかもしれない。船長は究極の選択を迫られる。船長に進言した人は船長に再び出発を強く迫る。船長は、周りの海面に浮かんでいる人たちの顔を見ながら、しばらく考え、悩み、ついに決断する。この人数で行こう！　皆オールをこげ！　十四、五人が、オールを持ち、ない人は交代で、オールを漕ぎ出す。残された人たちは恨めしそうにボートを見送る。ボートに乗っている人たちは、わき目もふらず、一心不乱に漕ぎ続ける。

どれくらいの時間が過ぎたのかわからない。静かな海の上をボートが漂っている。皆、疲れ果て、ボートの中で横たわっている。

すると、そこに、大きな大きな艦船がゆっくりと近づいてくる。あ、救助に来てくれたのか、と思いながら見てみる。その船が近づいてくる、そしてよく見ると、甲板の上になにやら、たくさんの人が立っている。立って、じっとこちらを見ている。さらに近づいてきて、その立っている人たちをよく見ると、それはさっき、海の上に残してきた人たちではないか。船長は愕然とした。船員の救助隊の人もいただろうが、画面には彼らだけが映されていた。皆甲板の上に立ち、手摺りに捕まりながら、船長たちを見ていた。その顔は無表情だった。つまり、あの海上でボートが行ったあと、大きなこの船がやってきて残された人たちを救助し、そしてボートを探しにやってきたのだろう。そのあとどうなったか、覚えていない。

ただ、私はこのとき、船長が可哀想だと思ったのだ。船長は、皆を置き去りにしたという自責の念に駆られるだろうから。しかし、船長は悪くない。あのとき、苦渋の決断をしたのだ。助けられるものなら、全員を助けたいと思ったはずだ。だからしばらくの間悩んだ。そしてどうしようもなく、断腸の思いでボートを漕ぎ出した。船長は責められるべきではない。そう私は思った。

こうやって、私はテレビの映画を夢中になって見ていたのである。

13　高校卒業――建設会社へ就職

高校を卒業してからあとが、少し大袈裟かもしれないが私にとって波乱の時代となった。

三年の時、所定の就職試験を受けて、普通に、学校に来た求人票の中から、中堅の建設会社を受けて合格し、札幌支店に配属になった。本当は設計事務所に勤めたかったが、学校の求人票に来なかったので、求人票が来た中でそれなりの総合建設会社にしたのだ。どんな仕事になるか、よくはわからなかったが、とにかく建築の仕事なので、そこへ就職した。友人たちもそれぞれ学校に来た求人票の中の建設会社に、ほとんどが就職した。大学に進学した者が数人いた。この時、彼らのことが実は羨ましかった。だが、今から思うとその感情を私は無意識に抑えつけていたのである。

東京で、就職した会社の入社式があり、研修が三日ほどあって、札幌支店に戻って、また一週間ぐらい研修があった。札幌支店には六、七人採用され、おのおの、各建設現場に配属された。

私は、まず、札幌の手稲の建設現場に配属された。そこには、所長と係員二人の三人で、大きな倉庫の建築施工監理をしていた。いわゆる現場監督である。私はその二人の助手のような形で勤務することとなった。

仕事内容は、現場で、ヘルメットをかぶり、設計図通りに建築物が建てられるよう、指示、管理、監督するわけである。建築現場を見たらわかるように、現場の端にプレハブの仮設の事務所が建てられてある。そこに泊まり込んで建物ができあがるまで仕事をするのである。そこで食事もするので、いわゆる「飯場」とも呼ばれている。私もそこに泊まり込んで仕事に加わった。そこの現場はすでに鉄骨の骨組みまでできあがっており、あと、屋根、壁、塗装、床のコンクリートなどの工事をしているところだった。私はまだ何もわからないので、二人の先輩のやっていることを見て、まず仕事を覚えていくことが私のすることだった。レベルを見たり、墨出しをしたり、先輩方がやっているのを見て、少しずつ私も手伝うようになった。

14　スチールの学習机

詳しい時期は忘れてしまったが、仕事が休みになって、一度家に帰ったとき、私にとって大変なことがあった。うちに入ると、誰か知らないおじさんと子供がいて、父が私にこんなことを言ってきた。

「机、もういらないべ」

と言って、私が使っていた茶色のスチールの学習机を、そのおじさんの子供にやろうとしているのだ。確か、中三か高校入学の時に買ってもらった私の唯一の机だ。だから、私は絶対嫌だった。就職したから使うことはあまりないかもしれないが、家で何か仕事でも趣味でも、机でするときがあるかもしれないではないか。そして何より、勉強の思い出がある。英語、タイプライターもした。英会話の勉強もした。建築の勉強、製図、設計、その他、ここには俺の世界がある。この机と小さな本棚が俺の居場所、俺の空間だった。だから、傷も付けずシールを貼ったりもせず大事に使っていた。

だが、その時はそのおじさんとその息子がそこにいるのだ。私は全く寝耳に水で黙っていた。おじさんは私が嫌そうな顔をしているのを察してか、息子に「おまえもお礼を言いなさい」と言い、その息子もこっちを見て「どうも・・・」と言ってきた。私は返事もせず、黙ったまま、確か外に出たような気がする。悔しくてたまらなかった。全く無茶苦茶な話である。このときに私は、この人にはもう何を言っても無駄だと思った。もう何も言うことはない。家族でも何でもない、とまで思ったのである。

15　道東の建設現場へ

六月頃、手稲の現場はまだ完成までいってなかったが、道東のまちで倉庫の新築工事が始まるということで、私は、そちらに配属となった。中堅の先輩が監督になり、私が係員として、二人でその現場に行くことになった。小規模の現場なので、所員はこの二人だけである。この現場は、全く一から始めるので、新鮮な気持ちで取り組むことができた。所長の車に乗せてもらい、二人で現場まで走った。札幌から車で約五時間くらいかかっただろうか。広い土地に工場があり、その横に新しい倉庫を建てるのである。

まず地面をならし、大きな杭打ちが始まる。当時の工法だからドカンドカンと大きな音が鳴る。天気はよく、六月の強い日射しが眩しい日だった。

最初から鉄骨の骨組みを建てるまでは、初めてなので、杭打ちから基礎コンクリート、鉄骨の組み立てまで、私は現場日誌をつけながら作業を注目して見ていった。見ながら仕事を覚えていったのである。縦二十メートル、横四十メートル、高さ十メートルくらいだったろうか。骨組みができあがると、そのあとは、手稲の現場とだいたい同じような工程になるので、少しずつ仕事がわかってきた。一つの建築物がだんだんとできあがっていくのを見るのは、とても楽しい。その建物は、大きな三角屋根で鉄骨造り、腰壁がブロック造りである。

鉄骨の骨組みができあがったとき、私は恐る恐る屋根に上って、三角屋根の頂上まで行ってみた。高さ十メートルくらい、三階の屋根の上くらいだったと思う。鉄骨の骨組みだけだから、鉄骨の間五十センチメートルくらいは何もなく下の地面が見える。だから、とても怖くて四つん這いになって、手を離すことができない。それでもおもしろくて、何度も手をつきながら四つん這いで歩き続け、それを繰り返しているうちにだんだん慣れてきて、時々手を離して鉄骨の上を跨いで歩けるようになってきた。現場監督の助手だから、当然、これくらいはできなくてはならないのだが、そういう責任感よりも、私の場合、これが結構おもしろいのである。

それは、小中学生の時、あの自宅の社宅で、窓の前に一階部分の屋根があって、その屋根に上がったり、屋根裏に入って歩いたりして遊んだのである。あそこの周りは工場や事務所ばかりで遊べるような公園もないので、もっぱら、倉庫の屋根裏や倉庫の階段の横をよじ登ったりして、一人で遊んでいた。今の壁登り、ウオールクライミングみたいなことをやっていたのだ。社宅の窓から、一階部分の屋根に出てそこを伝って倉庫の屋根裏に入ったり、屋根の上に上ったりできた。だから、冬にはそこの屋根の雪下ろしをした記憶がある。今でも懐かしい一人遊びの思い出である。

建築現場の倉庫の鉄骨組みが終わるころ、もう、手を離してすんなりと歩けるようになった。

16　建設現場の思い出――感傷

その現場では今でも懐かしく切なく思い出すことがある。屋根も葺いて建物全体がほぼできあがったとき、一人で屋根に上り、遠くの景色を眺めたことである。所長は札幌支店に戻ることがあり、また、業者と打ち合わせで外に出ることがあり、現場にいないときがある。そういうとき、私は、一日の仕事が終わると、屋根に上って景色を眺めるのである。夏だから、夕方でもまだ日が長く、明るい。周りに大きな建物もなく、けっこう高いところなので遠くの方までよく見える。大きく曲がりくねった道路があり、そこを、時々自動車が走っていく。人家がまばらに建っていて窓に明かりがつき始める。日がだんだん沈んでいき薄暗くなって、全体が青みがかっていく。静かだ。その風景、家や道の様子を眺めるのが何となく好きだった。何か感傷に浸っていたのかもしれない。

ある時、ある業者の人が、そんな時に打ち合わせに来て、私は慌てて屋根を降りていった。その人は、私が屋根から降りてくるのを見て、言った。「こんな時間に屋根に上がって、何してたの？」仕事が終わって、現場にはもう誰もいないし、暗くなってきているから当然の疑問である。私はなんと答えていいかわからず、生返事をしてごまかして、仕事の話に移った。もうできあがっているのに屋根に上っているのは普通はないことだ。不思議に思ったのだと思う。だから私は少し恥ずかしかった。それでよく覚えている。

現場での夜は、所長と二人で飲み屋に行くのが通例であった。他に知っている人もいないので、建築主の会社の人と行くこともあったが、それはいわゆる接待というものになる。そういう時はやはり酔うことはできない。いつもの緊張症が出る。

ここの所長とは何かうまくいかないことが多かった。

工事の初め、基礎コンクリートの枠の印を付けるために捨てコンに墨出しという作業をする。だが、それは二人でないとできないので、私と人夫の中の一番のベテランの頭（かしら）、六十過ぎだったと思うが、その人と二人でやっていた。周りは他に誰もいない。そこに所長が見に来て、何かぼそぼそ言っていた。近くでよく聞いてみると「糸を弾くとき、軍手ならうまく弾けないから墨出しの時は軍手を脱ぎなさいって言うんだ」とか、一人言のように言っているらしい。私が墨壺を押さえて、頭が糸を弾いてくれて、何カ所かやって少し離れたところで続けていると、所長が突然大きな声で「軍手を脱げって言ったら脱げ。軍手はいて墨出しできるか。」と、怒鳴ってきた。私は軍手で弾くことがいけないと思って、「頭の〇〇さんに弾いてもらってます」と答えた。私として精一杯の反論だった。頭は素手である。が、その後も何とかかんとかと怒鳴って、最後に「一回言ったら言うこと聞け。このやろう。」と聞こえた。頭は困ったような顔をして、何も言わなかった。私はこれはもう何を言ってもだめだと思い、軍手を脱いで同じように墨壺を持って押さえた。そして前と同じように頭が糸を弾いてくれた。何も変わっていない。が、その後は所長は何も言わなくなった。私がとにかく軍手を履いていることが気に入らなかったようだ。ただ、私は何も格好付けて軍手を履いてるわけでもないし、手が汚れるのを嫌ったわけでもない。現場では、ヘルメットと軍手と作業靴が基本だ。それらを付けてないと逆に怒られる。それと、何よりも、手稲の現場では先輩二人が軍手を履いて墨出しをしていた。私はそれを見て、それを手伝ったこともある。

当時の日記に書いてある。「その時は頭に来て、泣きそうになった。こんなのは久しぶりである。」今から四十年以上前のことである。

仕事だから、怒られたりすることもあるだろうと思っていたが、このときはやはり納得できなかった。その後、現場は二人だけだから、何か気まずくなり、ほとんどしゃべらなくなった。私はやるべきことを黙々とやっていった。足場や鉄骨に上って点検したり、業者に作業の指示を出したりしていった。

こんなこともあった。仕事上で所長の車に乗せてもらったときのこと、目的地に到着して助手席から降りてドアを閉めるとき、私は緊張して、というか、また怒られたくないと思って、ドアを静かに閉めようとして、ドアを右手で挟み持って閉めた。その時、指を引くのが少し遅くなり、薬指だけドアに挟んでしまった。ドアはきちんと閉まったが、私の薬指はジーンと痛みが走った。その後、痛みは続き、しばらくして見たら薬指の爪が全体に赤黒くなって腫れていた。痛くてたまらなくなったので、そこの工場の診療所に行って診てもらった。外科が専門の女医さんで、爪を診るとすぐに「これは内出血してるから、血を出さないとだめだわ」と言って、すぐに、爪の根元の皮膚の部分にメスを入れ切開し、爪をぎゅうっと押して血を出してくれた。相当痛かったが、その前からジンジンと痛かったので切られても平気だった。包帯を巻いて処置が終わった。そして、「これ、そのうち爪剥がれるよ」と言われた。数日して、その通り爪が死んで浮いてくるような感じになってきたので、また、診療所に行くと、先生がピンセットでその爪を剥がしてくれた。また包帯をしてくれた。しばらくして、新しい爪が生えてきて、だんだん伸びて元に戻った。

爪が剥がれたときは、何か根っこのようなものが見えたが、このまま爪がなくなるのではないかと、ちょっと不安になった。

仕事にもだんだん慣れてきて、建物が次第に完成していくのは、見ていてやはり楽しかった。仕事自体は嫌いではない。しかし、である。あまりにも時間に制約されることが多くてそれが辛かった。私としては、一日の仕事が終わった夜は、自分の時間がほしかったが、日が暮れるまで仕事が続き、夜になると、寮の食堂で食事をとり、その後、外に酒を飲みに出る。この現場の宿泊所は、その工場の季節工の寮が空いていたので、そこを借りていた。二段ベッドが四つ入っている部屋を一室、つまり八人部屋を丸ごと一室借りて、所長と二人で泊まっていた。建設現場の端に、小さなプレハブを建ててそこを現場事務所にしていた。朝は、その寮の食堂で朝食をとり、作業着に着替えて現場に歩いて五分くらい、現場事務所に着く。作業が終わって夜、寮に戻り、夕食をとり、晩酌をする。部屋には、レンタルのテレビを置いてある。所長は、打ち合わせや会議などもあって、いないときもあった。そういうときは私一人で夜を過ごす。隣の部屋には人夫が三人ほど常駐していて、よく話すようになり仲良くなった。ただ、そっちの部屋に行くことはよほど用事がなければしない。仕事上、あまり私的に近しくなることはできない。そう言われていた。

17　勉強への思い

私は、やはり勉強をしたかった。普通に本も読みたかった。二級建築士の資格試験の問題集を買って少し勉強した。ただ、どこの現場も、このような生活だから、勉強する時間はほとんどなかった。私は次第に、この仕事は辞めて、大学に行って勉強したいと思うようになっていった。先のことを考えても、どうしてもこのままでは進歩がないと思えてくるのだった。それから、自動車の免許を取りに行きたいという話もしたが、時間の関係で結局行かせてもらえなかった。

こんな鬱々とした気分で日々が過ぎていった。同期の連中と会うこともなく、周りは全く知らない土地、知らない人ばかりである。やはり寂しい気持ちもあった。札幌から車で五、六時間離れているから、休みの日に家に帰ることもできない。八月のお盆の時三日ほど休みになったので、その時一度、汽車で、給料を持って家に帰った。そして父の車で歌志内の母の墓参りに行った。

現場に戻って、仕事は順調に進み、九月の初め、建物の検査を受けて無事、工事は完了した。工事の中頃、父に、一度電話で仕事を辞めたいと話したことがあるが、父は「もう少しがんばってみれ」と言って、その話は終わった。札幌に戻って、やっぱり会社を辞めたいと、また話をしたが、親戚にも反対され、そのままもう少し続けることになった。

今度は、札幌から少し離れた現場に配属され、そこで十月頃から勤めた。所員三人の現場で、また泊まり込みである。この現場では、敷地にすでにたくさんの工場や倉庫、事務所などが建っていて、現場事務所のスペースが狭かったので、泊まるところは、近くの旅館にしていた。

ある日、私は、夜は晩酌ばかりなので飽きてきて、何か果物を食べたいと思った。どこで買ったかは忘れたが、その時売られていた柿をいくつか買ってきて食べた。上司と先輩にも、「柿食べませんか」と言って差し出した。すると、先輩は何やら笑っているのだが、食べようとしない。私は、柿は好きではないのかな、と思って、私だけむしゃむしゃと食べた。ちょうど旬の時期だったし、ずっと果物など食べていなかったので、久しぶりに食べてとてもおいしかった。ところが、それが私の思い違いだったのである。数日して、いつものように旅館に戻ると、その先輩が、ニヤニヤ笑いながら、果物ナイフを手にしているのである。そして言った。「今度は、三浦君に柿を奢ってもらってでも食べれるように用意してきたよ」と言って笑っている。

そこで初めて、私は気がついたのだ。あのとき、私は柿を皮もむかずにむしゃむしゃとかじりついていた。それは私にとってはいつものことだったが、普通の人は、柿は皮をむいて食べるのだ。だから、あのとき、柿を食べたいがナイフがないのでニヤニヤしながら少し困ったような表情をしていたのだ。それなら言ってくれれば、旅館の人に言って包丁を借りるとかして、皮をむいてあげたのに、と私は思った。私は皮むきは柿でもリンゴでも上手にできるほうだ。

それで、近くの果物屋さんに行って、また柿を一山買ってきて、今度は皆で一緒に食べた。上司と先輩は、持ってきたナイフでもちろん皮をむいて食べていた。私だけ皮をむかずにそのままかじりついて食べた。

やはり、生活習慣というか食生活が、私は普通の人とちょっと違うのかな、と思ったのである。私には皮をむいて食べた経験がほとんどなかったので、リンゴでも柿でも、たいがいそのままかじって食べていた。高校生まで、男はそういうものだと思っていたのである。

私の心の中では、だんだん、会社を辞めて、進学したいという気持ちが強くなり、アルバイトをして予備校に行くことを考え始めた。そして、いろいろ調べて、来年の四月に、東京へ行って新聞配達をして予備校に行こうと考えていた。いわゆる新聞奨学生である。

18　神戸の現場へ出張

十二月初め頃、北海道では寒さと雪のため仕事が少なくなる。それで、本州の仕事の応援ということで、私は、神戸の現場に行くことになった。私と一年上の先輩と二人が配属になった。そこは、大きな文化ホールの地下工事が始まっていた。所員は四人いて私たち二人が加わった。地下工事の擁護壁を作る作業で、急ぐ工事らしく、一日おきに深夜勤務であった。地下工事をするための擁護壁を作るため、重機で幅六十センチくらい、深さ十メートルくらいの溝を掘っていき、土が崩れないように、そこへ、特殊な液体を注ぎ込む、それをベントナイト液という。その液体を注ぐために直径十センチくらいのビニールのホースをあちこちに走らせていた。

雨の日以外は連日作業が続いた。ただ、正月はさすがに休みになり、一週間ほどの休暇だった。皆それぞれ京都や大阪に帰ったり、遊びに行ったりしていた。私は、名古屋に親戚がいたので、そこに泊まらせてもらった。伯父、伯母、そして年上のいとこがたくさんいて、歌志内でよく遊びに行って親しくしていたうちだったので、皆よくしてくれて気兼ねなく過ごせた。父も札幌から来ていた。名古屋城なども連れて行ってもらった。天気が良くて、雪もなく、まるで北海道の春のようだった。

正月休みが明けて、また作業が始まる。一日おきの夜勤が続くので、なかなか眠れないこともあり、便秘になった。また、一日中外の仕事で、冬だからけっこう寒い。そうして痔を悪くしてしまった。他にもそうなった人がいた。特に夜勤の時は、夕方から朝まで外にいるので、いくら関西と言っても一月だから寒さが厳しい。

ある夜、現場を見回りしていると、溝に入れる液体のホースが縦横に走っているのだが、そのホースの一本の接続部分から、ホースが破れ、液体が漏れているのを発見した。私と一年上の先輩と二人だった。

これは、ナイフでホースの破れている部分を、一度切り取って、接続部品を入れ直し、接続部を締め直さなければならない。それで私は、ナイフを取りに現場事務所の方へ行こうと立ち上がった。すると、その場にいた先輩が、「どこに行く?」と尋ねてきたので、「ナイフを取りに行ってきます」と答えた。ところが、である。その先輩は、何か怒ったような口ぶりで、「いい、ここにいれ。ナイフはおじさんが持ってるから」と言って、どこかへ行き始めた。おじさんとは工事の人夫のことである。私は、えっ？と思いながらも、仕方なくその場にしゃがみ、破れているところを手で押さえていた。

しばらくそうやって待っていると、おじさんはナイフを持っているはずはなく、なんと彼自身が、ナイフを持ってやってきたのである。そして、そのホースを切り取り、一人で修繕した。彼は、私がナイフを取りに行って、一人で残っているのが嫌だったのだろうと思う。また、私が修繕するのを見ているのが嫌だったのだろう。自分がやりたかったのだ。おじさんがナイフを持っているというのは嘘であった。自分がやりたい、ということだ。それならそうと「おれがナイフ持ってくる」と言えばいいのに、突然、怒り出すのである。人のことを悪く言うのは気が引けるのだが、こういう人は世の中によくいて、下の者が困ることになる。

19　ついに退職

二月になって、皆懸命に頑張ったおかげで、予定通り、地下の部分の所定の工事が終了し計画の工程が完了した。札幌から来た私と先輩は、所期の目的を達成して札幌に帰った。

帰ってきて、また父と話をし、結局会社を辞めることにした。父と二人で会社へ行き、進学したいので退職したいと話をした。会社では、今の若い者はすぐ辞めると、まともに嫌みを言われ、苦い思いをした。

辞めたあと、さっそく、新聞奨学生の申し込み書を送り、三月中に免許が取れるように、念願の自動車学校に通った。三月の初め頃、雪道の教習だったが、問題なく一か月で終了し合格した。当時はオートマはなくすべてマニュアル車であった。私は、車が好きなので、学科も実技もとてもおもしろかった。何せ、小さいときの将来の希望はタクシーの運転手だったのだから。

20　父の転職、社宅から引っ越し——手稲へ

車の免許を取ったあと、父が弁当の会社を辞めて転職した。それで家も引っ越すことになった。この家は、水道がなく、会社の寮の水道からもらい水をしていた。だから、会社を辞めれば、当然、水をもらうわけにはいかない。また、この建物も古くて、あちこちが傷んでいた。ここの所有者は、最初の鋼材会社の親会社の親会社、三井物産となっていた。そして、何も使う予定がなかったらしく、うちが空き倉庫の管理も含めて無料で借りていたのである。三井物産に、うちが引っ越すことを連絡したら、倉庫を管理する人が誰もいなくなるから困ったなあ、

とか言っていたそうだ。まだ、鉄道も高架になっていなくて横の道路が陸橋だった時代である。その後まもなく、そこの建物は取り壊され、駐車場になってしまった。

ただ、私としては、ここは、小学五年から住み始め、中学三年間、高校三年間、そして就職と、約九年間、一番多感な少年時代を過ごした家だ。今は、高架鉄道になって、跡形もなくなっているが、私の頭の中に、一番安心する場所として、今も思い出とともにある。

私は十九歳になっていた。

21　猫のその後

引っ越しする時に、飼っていた猫をどうするか気になった。が、父の同僚の人の実家が農家で、猫を数匹飼っているので、うちの猫もそこに入れてもらうことになった。私は東京に行く予定だし、父も今度の仕事は泊まり番もあるようなので、一人で世話をするのは無理なのでお願いした。のちに、私が浪人中に、その家から、その猫がまた身ごもって今度はちゃんと三匹の子猫を生んだ、という知らせが来た。父が行って見てきたらしく、写真を撮ってきた。三匹の子猫の中で、一匹が片ほうの目の回りに黒い模様が付いていて、三毛猫だったが、顔がブサイクだ、と父は笑いながら言っていた。が、私はその写真を見て、とても安心したのである。今度はちゃんと子猫を産んで、親子四匹とも元気にしている。子猫は小さいから顔がブサイクでもかわいい。何か自分の兄弟でも見てるような気持ちだった。

引っ越し先は、札幌の西の端、手稲の少し奥で、手稲駅から歩くと三十分くらいかかるところだった。だから家賃は安かった。一軒家の貸家で、六畳間の茶の間と四畳半と三畳の和室がある小さな平屋だった。が、台所と風呂も付いている。家の前が少し空いていて、車を楽に留められる。父が、手稲駅まで車で行って汽車で通勤すればいい、ということでここに引っ越すことになった。周りは住宅地で、静かな、静かすぎるくらいの環境だった。

三、浪人時代

1　東京の新聞奨学生へ――浪人一年目

札幌駅の裏の社宅から、手稲の借家に引っ越した。父も駅弁の会社を辞めて転職し、札幌の街なかに勤めたので汽車で通勤することになった。

引っ越しも終わり、やっと予備校に行く準備ができた。やはり東京の新聞奨学生に行くことにした。札幌でもアルバイトはあるだろうが、雑誌に、東京で各新聞社の新聞配達の奨学生の広告があり、個室が九割以上という。これなら仕事しながら勉強もできるのではないかと思った。そして、何よりも父親から離れたい、という思いが強かった。

事前に申し込みをし、作文や高校の卒業証明書、成績証明書などを郵送していたが、自動車の免許を取ったり、引っ越しがあったりして、四月も過ぎてから、十四日、東京に行った。ある新聞奨学生の申し込み受付の事務所へ行った。

ところが、行ったら大変だった。受付の人が開口一番、「もうないよ」とあっさり言ったのである。四月も過ぎていたからもう定員になったのかと思って、それなら他の新聞社に聞いてみようかなと思い、立ち上がろうとした。そうしたら、受付の人は「ないよ」と言いながらも、「せっかく上京して来たんだから、何とかしたいけどねえ。ないよねえ。」などと言いながら、話をやめないのである。何か変だなと思いながら聞いていると、カウンターの後ろの人が何やら机に向かって調べている。その人に「もうないよね」と確認しているのだ。後ろの中央の机に向かっていた年配の人が、販売店をチェックしていってしばらくして、「ここならあるかもしれない」と言ってきた。それで、その販売店に電話して確認したら、空いているということで、私はそこに配属され、勤めることになった。港区何とか、という所だった。

そこに行って驚いた。二つ驚いた。

一つは、奨学生受付の人が「もうないよ」と言っていたが、ここの販売店では、一人が新しく勤める人を待っていたのである。彼は、大学を卒業して就職先がまだ決まっていなかったので、新人が来るまで続けてくれと頼まれてやっていたのであった。受付の人は全くわかっていなかった、ということになる。あるいは、あえて推測すれば、「ないよ」と言いながらも、あるかもしれないと思いながら、空きがなかったかどうか調べる時間をとっていたのかもしれない。

もう一つ驚いたことは、個室などというものではなく、二階に二段ベッドの向かい合わせの部屋があり、そのベッドの一つが一人分のスペースであった。ベッドには小さな座り机が付いていた。あと、勉強できるような机のある六畳間が一つあり、それは先輩が使っていたが、一階に、食堂と、皆の控え室のような茶の間のような、テレビの置いてある部屋が一つある。あとは、寝るのも勉強するのもそのベッド一つの上である。寝台列車みたいなものだ。北海道の道東の建設現場で借りた宿泊所と同じであった。

学生のアルバイトが十人くらい、私大に行っていた先輩が数人いて、今年四月に入ったのが大学と予備校と数人ずついた。また、配達専任の人が三人くらいいたと思う。

私の担当になった配達区域は、店を出て、もう今では覚えていないが、どこかの高速道路の下をくぐって、マンションやビル中の事務所などが多く、途中、東京女学館が有り、さらに進んで青山学院大学の手前まで行って戻ってくるコースだった。待っていた前任の先輩がとても優しい人だったので、丁寧に教えてくれて、一週間ほど自転車で一緒について回った。私が一人で回れるようになって、その先輩は辞めていった。

2　新聞配達の毎日

配達の部数が多くて大変だった。その時だいたい三百五十部くらい有り、時間にすると約二時間半かかる。朝、四時くらいに起きて、まずチラシを新聞に挟み込む。それが終わると自転車の前と後ろに朝刊を積み込み、出発する。マンションなどはまずエレベーターで最上階に上り、ドアの郵便受けに新聞を配りながら階段を下りてくる。自転車を急いでこぎながら配り、店に戻ってくるのは、もう七時過ぎになっている。

戻ると、腹が減っているので、すぐ朝食をとる。朝と晩は、店の奥さんが食事の用意をしてくれる。食べ終わると少し寝て、予備校に行く。どこの予備校がいいか、そこの仲間が教えてくれた。同じ四月に来たのが数人いて、大学に行っていた者もいたが、彼らのうちの何人かが渋谷の代々木ゼミナールに行っていた。そこが一番近かったので、私もそこへ行くことにした。

バスで行ったと思うが、どのように行ったかそこは記憶がない。朝、少し休憩してから行くので、一講目は間に合わない。二講目から授業を受ける。昼は予備校の食堂でとり、三講目を受ける。それが終わると、二時半で、夕刊のためすぐ帰る。三時くらいに店に帰ってきて、夕刊の配達である。また二時間半くらいかかって店に戻ってきて六時くらい。晩ご飯を食べて一休みしてベッドに上がって七時半。明日の朝刊のチラシがあると、その数枚を折り込んでひとまとまりにしておく。風呂に入ると八時半、その後ベッドに上がって勉強しようとするが、やはり疲れて、まもなく寝てしまう。

新聞配達をやってみて、朝刊よりも夕刊の方が精神的に辛かった。何故かというと、こんなことがあるからだ。朝刊は朝早く眠たい目をこすりながら始めなければならず、新聞の厚さも朝刊の方がずっと厚く、重い。が、始まってしまえば、誰も起きていない早朝、静かで車も少なく、歩く人もいないところで、黙々と仕事に集中して、進めていくことができる。それに比べて、夕刊の時は、多くの人が仕事や学校帰りで外を歩いていたり、道路でおしゃべりをしているところを、自転車で通らなければならない。そして、何よりも、住宅の横を通ると、中からトントントンとまな板の音が聞こえてくる。夕飯の支度をしているのだ。窓から味噌汁の匂いがしてくることもある。それは私にとってはたまらないことだった。

3　予備校での勉強

予備校では、どんなコースをとったか忘れてしまったが、授業は、現代国語、数学、英語を受けた記憶がある。その中で、現代国語は大変おもしろかった。早稲田大学の講師の先生などが来ていて、受験問題以外の話もたくさんあって興味深かった。文章問題の中には、自分の生活を考えさせられるものもあった。英語もだいたいわかったが、高校を卒業して一年たっているので忘れている部分がかなりあった。特に、受験問題の英文法などはほとんどわからなくなっていた。

そして、数学は、得意だったはずが、ほとんど授業がわからないのである。あとで気づいたのだが、授業でやっていた分野は、高校の時扱っていなかった分野だった。だから、先生は生徒が一度習っているはずということを前提に説明をするので、私には何のことだかわからない、という事態が起こった。体の疲れもあり、次第に集中力も続かなくなっていった。

その時の日記。

「五月二十八日、日曜。

勉強する時間がないと強く感ずる。休みが週一日あるが、集金があるし、洗濯などもしたいし、勉強を集中してやりたいし。が、あまりできない。

土曜日は、夕刊を休んで、晩八時まで予備校でやってくる。日曜日も夕刊がないので、ずっとできるが、予備校の自習室が五時までなので、それでおしまい。今日は、朝、鼻血を出して調子が悪く、日曜ゼミは受けたが、また鼻血が出てきたので、自習はせずに帰ってきて寝て、今起きて、これを書いている。

今、しなければならないのは、集金。洗濯もしたいし、勉強も遅れてきた。

来年は、北大、北海道教育大を受けるつもりだ。ここにいて私大に入ってもこのままじゃ勉強を十分にできない。おれは勉強が好きだから、教育大だけでも入って勉強に集中したい。金などはいらない。だが、来年受かるだろうか。今は数学がひどいので、それだけやっているが、一年たつときれいさっぱり忘れていて、全然わからなくなっている。こんなことで来年どうなるか。とても心配だ。英語、国語、理科、社会は、夏からでも集中してやればどうにかなると思うが、時間が少ないので、バランスがとれるか心配だ。落ちたらどうしようかなあ。もう一年やるか。札幌で仕事をするか。札幌へは帰りたくない気もする。親戚、知人の人たちに何といったらいいものか、恥ずかしい気もする。

ここに来年もいるつもりはない。また予備校へ行くとしたら、別の新聞に行くか。東京を出て、大阪か京都の新聞をやるか。あまり気が進まないが。札幌で仕事するにしても、どこで仕事するにしても、おれは勉強を捨てない。通信教育でもラジオでも何でもやる。勉強はおもしろい。

今はつらいが、一年間頑張って来年にかけよう。そのために今、頑張らなくては。来年は札幌へ行けるように。」

何より、仕事が思った以上に長い時間かかるのと、月末には、集金も自分の配達区域をしなければならなかったので、勉強に使う時間がなかなかとれなかった。

自転車で配達していたわけだが、そのうち、建築の仕事をしていたときに悪くした痔が、また悪くなり出血するようになって、一度、肛門科の病院に行って診てもらい、塗り薬を処方してもらった。また、近くにヒサヤ大黒堂を見つけて、行ってみたら薬がとても高くて手が出ず、安い小さな軟膏だけ買った覚えがある。

これでは勉強も進まず、体も悪くしてしまいそうだったので、この仕事は辞めて、札幌に帰って別なアルバイトをしようと考えた。辞めるときは一か月以上前に話をしなければいけないと思ったので、七月に話をし、八月いっぱいで辞めさせてもらうことにした。それを店長に話したら、店長は、「九月に新しい人が来るから九月いっぱいまで続けてくれ」と言ってきた。

私はこのとき、初めて上京し受付の事務所の人が言った言葉を思い出していた。「もう、ないよ。」この冷たい言葉をずっと覚えている。新人が来るのを待って続けていた人がいるのに、これである。だから、待っていたとしても受付の方できちんと手配してくれるとはとうてい思えない。店長がなんども「九月末までいてくれ」と言ってきたが、私は八月いっぱいで辞める、と態度を変えなかった。ここで辞めなければずるずると引き延ばされると思った。そして、痔を悪くしたことも話した。

周りの仲間にも八月で辞めることを話したら、「それでいいんじゃない」と言ってくれた。私が喉も痛めて薬を飲んでいたことを知っていたせいもあったと思う。同じく今年四月に入った仲間が五人ほどいて、短い期間だがすぐ仲良くなった。いい奴らだった。私が最後に店をたつとき、玄関前で一緒にいてくれてタクシーを止めようとしたら、乗車拒否をされた。横に置いていた布団袋を見て、運転手がなんか嫌そうな顔をして通り過ぎていく。それを見た仲間がハイヤーにしようと言って電話で呼んでくれた。ハイヤーに布団袋を積んで、出発した。その時、仲間の皆が店の前で見送ってくれたのである。一人、渋谷駅まで付いてきてくれた奴がいた。渋谷駅の喫茶店で何かおごってやると言ったら、パフェがいいと言う。おごってやったら、うまそうに食べていたのを覚えている。また列車に乗って札幌へ帰った。

そうして、四月から八月までの短い東京生活は、あっという間に過ぎてしまった。私の区域は、専任でやっていた人が引き継いだみたいだった。専任の人は、誰かが風邪など引いて仕事できない時に、どの区域でもほとんど覚えていて代わりにやっていた。

4　札幌へ帰る――孤独感

札幌に帰ってきて、引っ越しした手稲の借家に戻った。
やはり、予備校に通った方がいいと思ったので、地元の桑園駅近くの予備校に後期から申し込んだ。汽車で手稲駅から桑園駅まで通った。ただ、友人は皆それぞれ就職や進学しており、予備校には知っている人はいなく、ほとんどは一年下の人たちである。私はいつもの性格で、自分から話しかけることもできず、勉強も高校の時のようには理解していくことができず、予備校には欠席することが多くなっていった。何か、一人ぼっちのような孤独感を感じたのである。

勉強するにはやはり机が必要だった。前に持っていた机は父がやってしまったので、買って欲しいと頼んだが、買ってもらえなかった。仕方なく、私は、物置にある太さ四、五センチの垂木を使って、Xの形に組み立て、それを足としてその上に、テーブルの脚を折りたたんで乗せて、机にしたのである。イスはパイプイスか何かを利用した。それを見て父は、「その方が頑丈でいい」などと適当なことを言う。机にお金を使いたくないのだ。その模擬机は、やはり水平がきちっととれていないみたいで、使っているとがたがた言うので、しばらく使ったあと、私の東京で新聞配達したお金で、一番安い木の机を買った。

ただ、勉強はほとんど進まず、気ばかり焦っていた。一人で何をしていいかわからず、糸の切れた凧のようにふらふらと迷っていた。

5　本との出会い

そんな時、桑園駅の売店で一冊の本が目にとまった。『自分の顔に責任を持て』という扇谷正造氏の評論である。諺に「四十になったら自分の顔に責任を持て」というのを知っていたので、何か興味がわいて買って読んでみた。その本が私の読書の始まりと言ってもいいぐらい胸に響いた。以前から評論のようなものを読んではいたが、これは今の自分のことを言われているようで、そして励まされたような感じがして、おもしろくて一気に読み終えた。それから本に興味を持つようになり、その本に書かれていた、五木寛之氏などの随筆を読み始めた。共感するところが多く、その後、次々と本を読むようになったのである。

当時、若者に人気のあった北杜夫氏のどくとるマンボウシリーズもすべて読み、長編の『楡家の人々』も読み通した。また、高校時代好きだった夏目漱石の本も、本格的に読み始めた。本ばかり読み、受験勉強はほとんどしなくなった。それで、父との関係もギスギスしていった。三月になっても受験は考えることができず、結局、大学入試は受けず、四月から別の予備校に行って、今度はちゃんと勉強しようと思った。

6　新たな予備校へ――浪人二年目

私の、建設会社に勤めたときの貯金が結構あったので、四月から新しい予備校に申し込み、国立大学理系コースに入った。やはり、経済的に私立大学は無理だと思ったので、国公立の理学部などを考えていた。家計を少しでも助けたいと思い、夕方四時半から七時半まで、父の知人の紹介で、薄野の市場で魚の配達のアルバイトをすることになった。しかし、そのバイトは三か月くらいで辞めてしまった。そして勉強一本に絞った。

ただ、勉強は、なかなかはかどらず、そうすると私の悪い癖で、弱気になってしまい続けられなくなってしまう。でも、本だけは読んでいた。

その頃には、唯一、本が好きになり、夏目漱石や森鷗外、評論や随筆、分野など関係なくおもしろそうだと思うものを片っ端から読んでいった。漱石の作品は文庫に入っているものはほとんど全部読み、漱石という人間に何か親しみを感じるようになっていった。特に、『門』という作品は地味ではあるが、私は好きだ。何か、しんみりと心の中に入ってきた。登場人物に感情移入してたのかもしれない。さらに、太宰治や三島由紀夫、安部公房、等々有名な作品を読み続けた。評論として、亀井勝一郎、山崎正和、加藤諦三、森本哲郎、等々、ばらばらに、手当たり次第に、濫読であった。

受験勉強は、またしても手が付かなくなっていった。問題をみてもわからないことが多くなり、わからないからおもしろくなくなり、勉強しなくなる。勉強しないからまたわからなくなる、という悪循環に陥っていく。生活も、本を夜遅くまで読んで夜型になり、朝起きられなくなって、予備校に二時間も三時間も遅刻するようになり、どんどん乱れていった。ひどいときは、夜中、本を読み、昼間寝てしまうこともあった。自分でも情けないと思うくらいであった。

これは、その当時の日記に書いてある一部だ。

「七月二十八日、土曜、九時三十分、ＰＭ

夕寝をしたら、母さんの夢を見た。それは母さんが病院から退院してうちにいるところであった。が、そのうち、夢の中で僕は、母さんは死んだはずだと気がつく。すると、これは幽霊だと思った。が、どうすることもできず、父さんと墓へ車で行くことにした。夜であった。父さんと車に乗ったところで目が覚めた。汗をかいていた。暑苦しかったせいかもしれない。しかし、夢の中で幽霊だと思うなんて怖かった。仏壇に線香を上げた。『道草』や『行人』などの小説を読んだせいかもしれない。

前にも母さんの夢を見たこともあるが、その中では幽霊なぞとは思わなかった。その時は亡くなってすぐあとで、俺は九歳だったからだろう。

きょう見た中で、母さんは何か他人のような感じで、話もしなかったようだ。もう十一年もたってるから、夢の中でも十一年間ずっとあわなかったから、他人行儀になってしまったのだ。このときの母さんも三十四歳のあのときと同じ。若かった。

目が覚めたときは、八時PMで、うちの中は、電灯も付けておらず、暗く、窓も開け放しであったので、怖かった。誰もいないのはやはり怖い。」

7　読書ばかりの浪人生活、引きこもり――理系から文系へ

このときは、本当に一人で本ばかり読む生活で、小説を読んでいるときは小説の世界に入り込んでいた。

随筆や評論も読むようになった。五木寛之氏の本に書いてあった坂口安吾について興味が引かれ、安吾の評論を探して読んでいった。角川文庫や新潮文庫に入っている作品はすべて読んでいったのである。あの有名な『堕落論』や『散る日本』など、まるで今の自分のことを言われているようで、このときの私には、大変身に染みて読み耽った。安吾の本に書かれていることは、本当に自分の生活と重なって見えた。だから、私は、自分を受け入れてくれたように思っ

たのである。安吾の評論は、厳しい口調で、ある意味独善的に見えるが、人間に対する限りない優しさを、私は感じた。特に「ＦＡＲＣＥに就いて」は、まさに自分のことで、今の自分の生活そのものだと思った。

そして『二流の人』『白痴』『安吾新日本地理』など次々と読んでいった。

手稲で浪人しているとき、昼に、一人で家にいて食べるものが何もないので、近くの店からのり巻きといなり寿司のセットになったものを久しぶりに買って食べたことがある。その時、食べた瞬間、運動会の味がした。歌志内の時の運動会が、その味とともに思い出されたのである。運動会でお昼休憩の時は、それぞれが家族の所へ行って食事をとる。が、私は家族が来ていた記憶がない。代わりに、いとこの家族が大勢で来ていて、私もそこに入って昼食をとったという記憶がある。その時の味である。それほど、そのいとこのうちは親しくしていて、私を家族と同じく世話をしてくれていたのである。私が兄のように思っていたいとこのいるうちで、そこには、私と同い年の女の子もいた。

そんな引きこもりみたいな時でも、こんなことがあった。暑い夏の明るい日射しの日、私はたまたま家の近くの外の空き地にいた。そこで近所の小さい女の子たちと一緒に遊んだのである。彼らはまだ小学一、二年の子二人と入学前くらいの子一人だったと思う。私にぶつかってきたり相撲のようなことをしたり、また、手をひっかいてきたり、じゃれてきて何故か絡んでくるのである。退屈していたのかもしれないと思った。夏休みで、周りは住宅がまだ少なく、空き地があり雑草がたくさん生えていた。女の子たちに手をひっかかれて、猫の爪に引っかかれたように跡が付き、ちょっと痛かったが、私は好きなようにさせていた。草や花を摘んだりしていた。

しばらくして、少し遠くの方で、ある家の前から、一番小さい一人の子供の父親らしき人が子供を呼んだ。そして、呼ばれた子は家の方に帰って行った。父親はたぶん、知らない若い男と遊んでいるのを見て心配したのだろう。また少しの間遊んで、他の子供たちも家に帰っていった。それだけである。

しかし、私のうちが後に引っ越しすることになって、その引っ越しの当日、その子たちがやってきて、「引っ越しするの？　ちょっと寂しいね。」と言ってくれたのである。

小説や評論と同時に、詩も読むようになった。当時の日記の一部。

「十一月二十五日、日曜。

日曜日は例によって、テレビに始まり、二時半より図書館へ出でん。思った通り満員で、まちへ向かう。

一誠堂より、『佐藤春夫詩集』『萩原朔太郎詩集』を買う。

明日こそ図書館へ行く。図書館へ行ってもつまらないけど、そこしか行くところはない。」

予備校に行っても授業がわからないので、図書館へ行って勉強することが多かった気がする。

萩原朔太郎の詩は、初めて読んで感動した。そのオノマトペは不気味だが心に響いてくる。また、「人家は地面にへたばって」という一節はずっと忘れない。薄暗い夕方、遠くの方を見ると、多くの家々は、たとえどんなに豪華でもどんなに立派な家でも、夕暮れの中では、皆じっとして動かず、大地に平べったくうつ伏しているかのように見える。私が建設会社に勤めていたとき、大きな倉庫の屋根の上にのぼって見た光景を思い出す。

8　父とアパート探し

手稲に引っ越してから二年がたとうとしているとき、二月初め、この家の大家さんから、家を空けて欲しいという話があった。冬、うちの前のスペースを自分の子供の駐車場に使いたいようだった。そこは父の車を置いて、ビニールの車庫を置いたので、大家さんは、うちが邪魔になったようだ。父は大家さんに対して不満を言っていたが、手稲は通勤にはかなり遠いと感じていたので、少し近いところに移ろう、ということで、別のアパートを探すことにした。

父は、私にも家を探してこいと言う。父も新聞広告などで安い手頃なアパートを探したが、連絡するとすぐ借りる人が決まっていて、なかなか手頃な物件はなかった。受験勉強しながら、アパート探しもしなければならなくなった。

「二月十五日、金曜、
今、雪はねをした。あと、小屋の横を少しでもはねないと車庫がつぶれてしまう。

そして、一休み。ＦＭステレオ放送を聞いている。きれいなハーモニーだ。心が安まる。また、何か淋しくもなる。汗が冷えてきた。静かだなあ。

昼過ぎ二時半ごろ親父帰ってきて、新聞広告に出ていた貸し室アパートを見に行く。（父の職場から）二件、電話をかけたら、もう決まっていた。早く申し込まないとだめだ。明日の朝からおれにせよ、とのこと。そのあと、（札幌市内の）白石にいるいとこの家に行く。かなり探してやっと着く。夕食をごちそうになる。うまかった。七時過ぎ出る。八時半家に着く。疲れる。

明日は、朝から、バスで家探し。早く決めてしまいたい。力を貸してください。」

当時、家には電話はなかった。それで連絡を手早くとることができず、なかなかアパートが決まらなかった。

「二月十六日、土曜、
暖かい、もうすぐ春だ。日も長くなってきた。晩の五時に帰ってきたが、薄明るいのである。
今までは、帰りは手稲駅に着くと真っ暗で冷たく、たまらない気持ちであった。今日の夕暮れの明るさ、ロマンチックであった。早く土や草を見たい。暖かい。

一誠堂にて、評論社英文対訳百円を買う。

家探しは、朝刊に安いのがなかったので、休み。

大学受験願書、全部そろう。月曜日に持って行くつもり。受けるだけ受けるさ。教育大学、国語。」

北海道の冬は、いうまでもなく一面が雪である。道路も雪で覆われている。そして日が短い。だからどうしても気分が暗くなる。すると、あの夏の風景が時々思い出されるのである。緑と土の地面が懐かしくなる。

このときには、もう理系から文系に志望を変えていた。

本を読み続けた。坂口安吾の『日本文化私観』『外套と青空』『道鏡、狂人遺書』『安吾史譚』等々。歴史に興味を持ちだした。予備校の世界史の先生の講義を聴いて、前から何か面白そうな感じがしていた。

父は、私に「よく何もしないでいられるな」と嫌みを言う。私が机に向かっている時、である。そして三月には、引っ越しの準備をしている時、「四月から合否にかかわらずアルバイトすれ」と言ってきた。私は何も返事をしなかった。父もそれ以上何も言わなかった。

9　再び引っ越し――新琴似のアパート

三月五日、私はアパート探しを続け、何とか、北二十四条付近にある不動産屋さんの掲示で、良さそうな物件を見つけて、その物件を見に行った。それは、北区の新琴似六条十四丁目だった。そこは行ったことがないので、場所がよくわからなかったが、当時の市電の終点、新琴似駅前から、新琴似通りを歩いていくと、信号の下に表示板が付いていて、新琴似８－１とか書いてあるので、それを見ながら歩いていくと、次の信号に新琴似８－２とある。ということは、この道をずっといけば８－１４にたどり着く、そうすれば、６－１４にもいけるだろう、と思って、その新琴似通りをずうっと歩いて行った。全く来たことのない場所だったので、不安で心細かったが、何とか我慢して歩き続けた。だから、その時の様子はよく覚えている。小学一年の時、教室の表示板を見ながら（わせん先生、わせん先生）と探し歩いたときと同じような不安な気分だった。

信号の表示板を確認しながら歩いたので、けっこう時間がかかり、五十分くらい歩いたのではないだろうか。そして、何とか、そのアパートにたどり着いた。まだ新しいきれいな建物であった。入居中だったので、外から見るだけ見て、父に電話して借りることに決めた。父は見ていないが、私が、もうここに決めようと言ったのである。

また不動産屋に戻った。帰りはバスに乗ったと思う。不動産屋に戻って、手付金を一万円払って、私が仮契約した。手付け金は普通一か月分ですけど、なければ一万でもけっこうです、と言われて、財布を見ると一万と千円くらいしかなかったのである。

三月十七日、知人や父の友人、六人くらいに来てもらい、知人のトラックを頼んで引っ越しをした。そのトラックで荷物を二回運んで何とか引っ越すことができた。新琴似のアパートの二階で、居間が八畳有り、台所二畳、それに四畳半と三畳の和室がある。三畳の部屋に私の木の机を置いて勉強部屋とした。

10　大学不合格——浪人三年目

三月二十三日、北海道教育大学を受けたが、やはりだめだった。だめだったが勉強は続けた。父はもう受験はやめてアルバイトすれ、と言ってきた。が、私は無視した。今度は、予備校に行くのはやめて、金のかからない通信添削の講座を申し込んだ。また、当時は大学受験のラジオ講座というものもやっており、そのテキストを買って、自分でやることにした。

浪人三年目である。その時の日記、

「四月四日、木曜。

今、親父はどこかへ出かけて行った。

親父は、もう大学なんか行かなくていいと言う。面倒みれない。一年間面倒みた。それが最初の約束だ、と言う。

今日は、通信添削の問題、国語二問、英語一つ。

このあいだ、いとこ（札幌に住んでいる）の所へ出産祝いを持って行った。そのいとこの言、親父は、おれが女だったら良かったそうだ。そうだろう。」

私がなぜ女だったら良かったのか、簡単な話である。家事をさせるためだ。父は、子供に、家のこと、つまり家事をさせたいのだ。祖母がいなくなる前から、その心の内は、私には感じられた。私は、なるべくやりたくないので、いつも父と喧嘩になる。それなら、再婚すればいいのに、と思ったこともあり、知人が再婚話を持ってきたことがあったが、詳しくはわからないが、縁がなかったようだ。

11　アルバイト、家庭教師

このときは、父の知人のうちでアルバイトをした。そこの家に中学三年の男の子がいて、高校受験が心配ということで私に家庭教師をしてくれないかという。私立は高いので是非とも公立に入れたいということである。当時、公立高校はけっこうな倍率があってそれを落ちると私立高校に行くというパターンが一般的だった。

週二回、私も知っているうちだったので、気軽に引き受けた。週二回、夕方に行って、三、四時間ほど教える。中三レベルなので私にも教えることができた。家族ともだんだん親しくなり、夜、泊まることもあった。

このバイトをしていた時こんなことがあった。この家には弟がいて男二人兄弟だった。ある日一段落して茶の間で休憩していた時、母親と子供二人が何か世間話をしていて、母親が「近くの店で、かわいいプリントの付いたおそろいのTシャツが売ってたから、それ、買ってやるかい」と言った。二人は「うーん」とあまり乗り気がないが一応返事をした。私はそれを聞いて、「おれも」と言いそうになったのである。のどまで上がってきて、その瞬間、(違う違う、ここは人のうちだ)、と思い出して、やっとの思いで言葉を飲み込んだ。危ないところだった、と自分を抑えた。やはり、羨ましかったのである。

12　進まない勉強──焦燥、不安、恐怖感

アルバイトはそれだけで、あとは自分で、問題集などを使って大学受験勉強という予定であ

る。しかし、またまた受験勉強はうまくはかどらず、もっぱら読書が続いた。濫読であった。

そうやって、初めのうちは何とかやっていたが、夏くらいになると、何となく不安が襲ってきて、これでいいのか、来年大丈夫だろうか、などという思いがまた浮かんできて、勉強に身が入らなくなる。英語は、高校時代に特に力を入れて勉強したのでけっこうわかるようになってきたが、数学が、答を見てもなかなか理解できず一人では進めなかった。また、理科や社会も、基本的なところで、知識力の不足で進まない。大学は、経済的に、国立しか考えられなかったので、五教科全部を勉強しなければならないと思っていた。その時は、ずっとそう考えていた。今にして思うと、私は頭が固かった。今でもそうだが。五教科すべてを得点しなければだめだ、と思っていたのである。

そんな闇のような中を、一人でもがいていた。もがけばもがくほど、いらないところに力が入って、よけいに沈んでいく。そうして、自分はだめな人間だ、と自己否定的になる。読書をすると、そういう自己否定感を和らげられる感じがして、どんどんはまっていく。もちろん、読書でたくさんのことを学んだが、読書によって慰められた、と感ずる部分も多かったと思う。

予備校の夜間クラスというものに参加した。確か、数学と古典か何かだったような気がする。最初は順調だったが、例によって途中で次第にわからなくなり、出たり出なかったりしていた。そのクラスでは現役の高校三年生がけっこう来ていた。昼は図書館に行きそこで自学学習し、夜、水曜と土曜が家庭教師のバイト、火曜と木曜が予備校の夜間クラス、という浪人生活だった。ただし、睡眠時間は不規則で生活は乱れていた。

当時の日記。

「五月十一日、土曜日、九時PM
睡眠十一時三十分　～　九時00分
昨晩、床についたのは十一時半だが、眠ったのは朝の四時半ごろである。それまで何故か知らんが、眠りにつけず、様々なくだらんことを想っていた。おとといは十一時に即眠って、朝七時前に起きた。その前は、徹夜したのである。
今、予備校と図書館とアルバイトとやっている。
暖かい。人生ってこんなものかな。一人の人間について、その極限を見れば、こんなふうになるのかな。
今、勉強が忙がしい。」
「五月十二日、日曜、十二時三十分AM
受験勉強は長く、きびしい。一時的な感動で、線香花火のように終わってしまってはだめだ。根気強く継続しなければならない。」

などと、日記では偉そうなことを言っている。それほどもがいていた。それは毎日の生活なのだ。父は私の思いに関心がなく、仕事が泊まり番の時も多い。だから、ほとんど一日中、一人でいたのである。要するに、寂しかったのだ。それをどう克服していいかわからず、読書で気を紛らせていたのだ。

実際、自分が壊れそうだった。ただ、読書をし、勉強も少しはして、アルバイトもして、毎日を耐えていた。

しかし、こんな生活が永遠に続くのではないか、という言い知れない漠然とした不安というか、恐怖感みたいなものに襲われることがしばしばあった。

13　インコを飼う――一羽死す

五月の中ごろ、父が小鳥のインコを青と黄色の二羽買ってきて、家で飼い始めた。アパートだから小鳥ならいいと思ったのだろう。まだ、雛鳥なので絶えず餌を与えなければならない。まだ、羽をばたばたさせるだけで飛ぶことはできない。ぴょんぴょん跳ねるだけである。父は最初、私に、面倒をみれ、といってきたが、私は図書館に行くから世話できない、と断った。小鳥も好きではあったが、父の一方的に人に押しつけるやり方が気に入らなかった。すると父は、なんと、二羽のインコをかごに入れたまま、車に乗せ、会社まで持っていって世話をした。

おそらく、会社の人にも見せたりしたのだろう。会社が終わると、また鳥かごを車に積んで家に帰ってくる。

が、ある日、事件が起きた。父が、風邪を引いて家にいた時、夕方六時ころ、私もたまたま家にいた。父が布団から丹前を着たまま起きてきて、籠からインコを出してやって遊ばせた。羽を動かしてぴょんぴょん跳ねている。父は餌をやろうとして、餌と何かを混ぜ合わせている。正座をしていて、少し腰を浮かせて前屈みになり、餌を作って腰を下ろした。その瞬間、父は「あ！」と叫んでまた腰を浮かせた。私もびっくりしてどうしたのかと慌てて見ると、青いインコが父の尻の下敷きになり、横たわってひくひくしている。父は慌てて、「さぁ、さぁ」とか言ってインコを尻の下から横に出してやった。インコを見ると、肛門から腸が少しとび出している。父が腰を下ろした時、その下にいて、尻の下敷きになってしまったのである。そしてインコは動かなくなり亡くなった。インコはぴょんぴょん跳ねていたのだから、ちゃんと見てやれば良かったのに、と私は思った。父は餌作りの方ばかり見て、インコたちを全く見ていなかったみたいだ。私も父のことは注意して見ていなかった。あっという間の出来事だった。

黄色のインコだけ残り、その後、その一羽だけ、また、車に積んで会社に運び飼い続けた。だんだん成長して、飛べるようになり、たまに家の中で、籠から出して部屋の中を自由に飛ばせてやったこともあった。しかし、一羽だけなので、何か、仲間がいなくて寂しそうだった。

おれと同じだと、何となく同情する気持ちを持った。

14　もう一つのアルバイト、電話番

十月ごろ、父の知人が新しく外回りの営業の仕事を始めるので、事務所の電話番のアルバイトをしないか、という話がきた。何しろ金に不自由していたし、昼事務所にいて、勉強をしてもいい、ということで、行くことにした。私も何度か会っていて知っている人だったので気が楽だった。

朝九時から、午後三時くらいまで事務所にいて、電話が来たらメモなどをしておけばいいだけだった。来客はあまりなく、同業者のような人が、たまに来るだけである。その知人を含めて三人で外回りの仕事をしていた。皆が事務所にいて仕事をする時もある。とても気さくでいい人たちだった。

また、その人たちとたまに来る同業者の人が、大の将棋好きで、事務所で仕事が暇な時すぐ将棋を始める。私も将棋は好きだったので一緒になってすることがあった。それが、慣れて行くにつれてだんだん増えていったのである。当時はまだテレビゲームなど全くない時で、もっぱら室内の娯楽は、囲碁、将棋、麻雀などである。その中で、たまたまその人たちと私の趣味が合ったのである。

昼、事務所の電話番をし、夜は、週二回家庭教師、そして、予備校の夜間クラス、という毎日であった。もちろん読書も続いた。

入試時期が近くなってくると、勉強も五教科の仕上げをやらねばならないと考え、それぞれの科目を、参考書やラジオ講座のテキストや受験問題集など、それなりに必死になってやっていた。

当時の日記、

「一月二十九日　水曜。

いよいよあと一か月。今年は北大と教育大を受ける。学力はそう付いてなさそうだが、去年よりはましである。教育大には何とかはいる。

それにつけても、あまり進まない。長く覚えてられない。暗記力が落ちたのだろうか。理論的にわからないところを飛ばしてやったりするから、筋道たった理解がない。だから覚えてもすぐ忘れる。全くの独学だから仕方ないかもしれない。繰り返してやればどうにかなるだろう。やはり、規則的にやることだ。数学は参考書『よくわかる数ⅡB』を、英語はラジオ講座のテキストをやっている。英作文、文法は『傾向と対策』をほとんど終えた。古文もラジオ講座テキスト。化学は『傾向と対策』これから二回目。政経・倫社は、過去の入試問題だけやった。もう少し。もう少し。」

15　また大学不合格――残念さと切なさ

そうして、北大（文類）と教育大（中学校課程・国語）を受けたが、両方とも不合格であった。教育大はもしかしたら受かるかもしれないというかすかな期待はあったが、やはり全体的な学力不足だったのだと思う。ただし、不合格だったが、受験した時、問題を見て、さほど難しいとは感じなかった。それなりに何度も問題練習をしていたからと思うが、見慣れた感じであった。しかし、きちんと着実な勉強をしていないから、解答が正確でなく得点できなかったと思う。そうであっても、やはり、まただめか、という残念さというか切ない気持ちがあったのも正直なところである。

当時の日記、

「三月三十日、日曜。

教育大の受験の前日、熱を出した。きっと緊張が続いたせいだろう。咳はないが悪寒がした。頭も痛い。しかし入試本番はそんなことを言ってられないので、万難を排して、タクシーで試験場へ乗り込む。会場は札幌予備学院であるから、下見せずとも気が楽であった。北大の時よりはできた。ただ社会が問題である。

試験が終わってから風邪がひどくなった。今までの薬も全然効かなくなった。熱は三十九度五分。近くの医院に行って注射をしてもらう。ついに寝込んだ。歯も痛くなってしまった。それから昨日まで寝たきりである。下着が全部汗でべちゃべちゃになったので、今日やっと洗濯した。」

電話番のアルバイトをしていた会社の社長さんに報告したところ、国家公務員の試験を受けてみたらいいんじゃないか、とアドバイスをくれた。社長さんは私の知人でもあって、バイトで使っていて、私のことを心配してくれていた。ありがたいことだった。

私は、やはりまだ勉強はしたいと思った。大学の通信教育も考えたが、その間の仕事をどうするか、四年間やっていけるか、疑問だった。

16　奨学金は受けない

奨学金をもらって私立大学という方法もあるが、それは考えなかった。当時は日本育英会の奨学金制度もあったが、金額は、月三万から多くても五万円程度で、月五万円受けたとしたら、一年で六十万円、四年で二百四十万にもなる。貸付型なので、それを大学を卒業したら返済しなければならない。そうすると、うまく就職しても、月々、二万か三万くらいずつ返したとして一年で二十万か三十万、全部返済するには概算で十年くらいかかることになる。無利息の場合でも。ということは、せっかく大学を卒業して就職できたとしても、十年間も、ほとんど貯金もできない。と予想されるではないか。そんな負担、つまり借金を将来に残したくなかった。きっと将来困ることになるだろうと思ったのである。

貧しい生活は、子供のころもこの時も身に染みて感じていたから、将来、自分の子供に同じつらい思いをさせたくないという気持ちもあった。

奨学金は、名前は学生を助けるというような耳あたりのよい言葉だが、中身は要するに「借金」である。住宅ローンや車のローンと何ら変わりはない。だから、後々返済することを考えねばならない。そして、一年だけなら何とかなるかもしれないが、相手は四年である。だから金額も大きくなる。その金額を、大学を卒業したあと、月々どうやって返していくか。ちょっと計算しただけでも大変な事態になることが予想されるのは明白である。

これは行政の問題でもあるかもしれないが、今の制度の下では、よくよく考えて将来設計を描かなければならない。さらに現在では、大学の学費は年百万を超えている。ますます難しいことになる。当時の私は運がよかったと思っている。現在だったら、私のうちのような貧困家庭ではとても大学には行けなかっただろう。現に今、ニュースなどで、奨学金を返せないために、借りた人が大変困っている、という報道がある。現在、大きな社会問題になっている。

だいたい、月五万円もらったとしてもやっていくのは難しい。私大だったら、ほとんどが授業料にいってしまって、生活費にまわらないから、そのために、夜、アルバイトをしなければならなくなる。私は父親の世話にはなりたくなかった。父も、それは嫌だったはずだ。何せ、私立高校に行くことも嫌がっていたのだから。私が中学三年で高校受験の時、「私立高校は金がかかる」と、何度言われたことか。父子家庭だったから、私しか知らないことである。

家庭教師のバイトをした家の子供は、公立高校に合格したとの連絡があった。これは一安心であった。

17　浪人四年目

いろいろ考えたが、もう一年、バイトをして勉強して、来年また大学を受けることにした。今は辛いが、やはり大学で勉強したいという気持ちは変わらなかった。

四浪になる。

何故、こんなに大学の進学にこだわり、勉強を続けられたのか、自分でも不思議に思う時がある。ただ、大学に入れば、勉強について行ける、という自信はあった。また、大学の勉強は受験勉強と違い、学問であるから、きっとおもしろいものだという確信があったのである。その理由の一つに教育テレビの大学講座がある。当時、たしか、近代文学と、教育学と、心理学などがあったように思う。テキストも売られていた。私はそのほとんどを見て、勉強した。

18　教育テレビの大学講座

その放送の教育学の中で、こんな講義があったのを覚えている。ある養護施設の幼稚園か保育園の一室で、自由に子供たちを遊ばせている場面を映している。一人の女の子が木馬に乗って遊んでいる。それはその子がこの部屋で、自分の特別な大切なものとして、つまりそれは、自分の居場所として乗っているものだった。ある日、その木馬に別な女の子が乗って遊んでいるのをその子が発見する。自分の一番大切なものを取られたと感じたらしい。ただ、けんかはしたくない。そこで彼女は、考えたのである。その部屋の別なぬいぐるみか何かのおもちゃを取り上げ、「このぬいぐるみ、かわいい。あ、こんなものもついてる！」などと言って皆の注目を引くような態度を取る。すると、そのとき木馬に乗っていた女の子も、何があるんだろうと思って、木馬から降りて、そのおもちゃの所へ見に行った。すると、彼女はすかさず、そのおもちゃをその場に捨て置き、走って木馬の所に行き、木馬に乗る。木馬の奪還に成功したのである。この映像のあと、教授が、発達心理学の話を解説する。私は、なるほどと感心したのである。いや、その少女に共感したのだ。私の場合、その木馬は、あのスチールの机であった。

また、こんな講義もあった。

小学校低学年の子は他人の悲しみを感じることがまだできない。高学年でわかるようになる、というのである。たとえば、子供に友人の親が亡くなって悲しんでいると伝えると、高学年の子は、その友人の悲しみを理解し、一緒に悲しむ。低学年の子は、それをどんなことなのか理解できず、何の反応も示さない。おおざっぱに言うとこんな話である。七歳から十二歳への発達心理と言うことだ。私は、また、なるほどと感心した。のちに、人間は八歳までに、その人間性が決まる、という話を聞いて納得した覚えがある。

そのほか、文学では二葉亭四迷の「浮雲」の講義をしていたと思う。それらを見て、やっぱり大学で勉強したいと強く思ったのである。

19　またアルバイト、駐車場係

四浪目の四月、私は、またアルバイトを探し、今度は、街なかの駐車場のバイトを始めた。そこは立体駐車場で、お客さんの車を預かり、車専用のエレベーターに乗せ、空いているスペースまで運び入れる。お客さんが車を取りに来たら、エレベーターでその場所へ行き車をエレベーターに乗せ、下の出入り口まで下ろして、車をお客さんに返す。駐車料金を精算する。主に車の出し入れとエレベーターの操作である。若い、私と同じくらいの年代の男が数人、大人の社員の人が数人、二人の事務のおばさんがいた。一日約六時間、朝八時半から午後三時まで、昼休みはなし、日曜日は昼十二時から夜九時まで九時間、そして月曜日が休み、という形にしてもらった。もともと車は好きだったので、はいってまもなく仕事にも慣れた。受験勉強は続け、通信添削の講座を申し込んだ。

その時の日記、

「四月七日、月曜。

おれは、また受験勉強をしている。とにかく勉強が好きである。試験が終わってから数日、何もしない日があったが、夜、飯を食ってあと、テレビ見て、九時、十時頃になると何もすることがなくなる。なぜか本も読む気がしなかった。（入試の）発表があってからは、先のことが、どうしたらよいものかと気ばかりもんで、何もできなかった。

親父は何も言わない。

一人でいたら勉強するしかないだろう。アルバイトを始めてから少し落ち着いた。その理由の一つは勉強の力がついてきたと思う。今までだったら、勉強が気にかかり、アルバイトしないで勉強に専念できたらなあ、とばかり思っていた。今ではかえって、アルバイトで自分の今を稼ぐと落ち着くようだ。参考書を買ってきた。通信添削を申し込んだ。」

20　国家公務員初級の話

この年、国家公務員の初級の試験を受けようと考えた。前のアルバイトの社長さんから教えられた話である。ただ、当時も、公務員は就職希望先の一番人気だったから、合格するのはきっととても難しいだろうとは思った。が、やれるだけやってみようと思った。いろいろ調べると、初級は、私の年では年齢的に今年が最後の機会であった。

仕事にも慣れた五月中ごろ、公務員受験の通信講座を受けようと申し込む。「蛍雪時代」という学習雑誌を詳しく読んで、その広告欄に公務員受験の通信講座が載っていたのである。そして、五月末、講座のテキストが届いた。さっそく見てみると何かおもしろそうだと感じた。国語、英語、基礎的な数学、日本史、世界史、地理、倫社・政経、物理、化学、生物、地学。範囲は広いが、普通の一般教養試験と同じである。レベルはそれほど高くないので、これはやっていけると思った。

だから、このとき大学受験の通信添削と公務員試験の通信講座と、二つやっていたわけである。大学受験の方は、数学はやめにした。受験勉強で数学だけはやってもなかなかわからず、意欲をそがれていたからだ。

21　大学文学部夜間部を知る――何かが降りてきた

そして、そうやって進路のことを考えているうちに、ある考えが浮かんだ。何かが降りてきた、という感じだった。

それは、東京の私立大学の夜間部に行けばいいのではないか、ということだ。東京の私立大学には文学部の夜間部がある。このときは文学を勉強したいと思っていたのだから、夜間部であれば、授業料も安いし、昼間アルバイトをして働きながら夜学に行けば、その金で何とか生活できるのではないか。公務員になれればそれに越したことはないが、なれなくても、東京で働きながら大学に行けるのではないか、と考えたのである。国立にこだわる必要はないではないか。私立大学なら入試も三科目である。国語、英語、社会の中の一科目の計三科目でいいのだ。

札幌でもいいのだが、当時、札幌の大学に文学部の夜間部はなかった。北海学園大学に経済学部だけだった。今は人文学部にも夜間部があるようだが。そして、何よりも父親から離れたかった、という思いもあったのである。

六月のある暖かい月曜日、アルバイトの仕事が休みで、ちょうど東宝劇場でいい映画をやっていたので見に行った。「吾輩は猫である」と、坂口安吾原作の「桜の森の満開の下」である。このときの感想が日記に書いてある。「『猫』は、たまらない懐かしさがあった。『桜』は妖艶、いかにも安吾の感じがした。」

七月末、初級公務員試験の申し込みをした。行政事務B、希望地域は関東地区。東京で、大学の文学部夜間部に行こうと考えていた。いろいろ調べると、東京にはたくさん夜間部があったが、授業料がけっこう高くて無理なのが多い。しかし、その中で、東洋大学と國學院大學に国文学科があり、授業料が安かった。その当時で授業料が年間約十万円だったのである。これなら、昼働いて、月一万ずつ貯金していけば、自分で授業料を払っていける。何とか四年間生活していけるのではないかと思った。どちらにするか少し迷ったが、いろんな学科のある東洋大学に決めた。もしかしたら他の学科の講義も見学できるかもしれないと思ったのである。

22　アルバイトの転職——新聞社の校閲部、（運命的出会い）

駐車場のバイトと受験の通信講座の勉強を続ける。そうしたとき、偶然、当時の北海タイムスの新聞で、校閲部のアルバイトを募集しているのを見つけた。本当に偶然だったのである。

何か運命的なものを感じる。給料は安かったが、なんと言っても仕事がおもしろそうだった。ちょうど六月ころ、何かの広告を見て、校正の仕事がおもしろそうで、約一万二千円のその通信講座を受けていた時だった。そういうことで、このとき、公務員試験の通信講座と、校正実務の通信講座と、大学受験の通信講座と、三つ受けていた。

そして、駐車場のバイトは八月中ごろでやめて、八月下旬からその新聞社の校閲部のアルバイトを始めた。この仕事が予想通りとてもおもしろかったのだ。印字されてくる、ゲラ刷りと呼ばれるコピーを、原稿と見比べて、印字の間違いがないか、また、原稿そのものに漢字などの間違いがないかどうか、一字一字チェックしていくのである。チェックし修正されたものを、再校と言って、もう一度校正する。このころは、もう文系志望で、本をたくさん読んでいて、漢字や熟語にも大変関心を持っていたし、一字一字丹念に点検していく作業というものも、私の性格に合っていた。私は、この仕事が自分に合っていると思ったのである。知的な仕事であり、奥が深く、地味ではあるが、それだけ私の性格にも合っていると思った。疑問のある漢字や熟語は、一つ一つ辞書を引く。辞書を引くのは私にとって面倒ではなくむしろ楽しいことであった。何か、少しオーバーだが、私は水を得た魚のようであった。

仕事は、やっていくうちに、私の態度もまじめで一生懸命だったので、周りの人たちからも信頼されるようになっていった。校閲部の中にバイトは数人いて、私は年下の方だったが、だんだん大事な記事の校正もベテランの社員の人とペアを組んで読み合わせをしたりするようになった。新聞は原稿ができてから印刷まで時間がないから、できるだけ急いで作業をしなければならない。仕事の早さを求められる点も、私には向いていたと思う。それは私が短気だからかもしれない。何事もなるべく早くやってしまいたい気持ちがある。ただし、きちんと正確でなければならないので、そのあたりは慎重さが重要だ。

この新聞の校閲部で学んだことがある。それは、見出しと本文を必ず照合し、合わない部分があった時は、本文に合わせて見出しを訂正するということだ。なぜなら、見出しは本文に合わせて後から整理部の記者がつけたものだからだ。本文は、最初に現場で取材した記者が書いた記事である。だから、それが、元々の内容である。見出しは本文に合わせる。見出しが先にあってそれに合わせて記事を書くわけではない。新聞でも他の雑誌や書籍でも当然の基本であった。

私はこの仕事をして、自分にこんな適性があったとは知らなかった。この仕事をやってみて初めて知ったのである。

仕事は次第にできるようになり、上司からも認められるようになって、夜勤にも加わるようになる。朝刊の締切が夜中の二時くらいで、その日は、夜六時から深夜二時までの勤務、次の日が夕方四時から夜十二時まで、次が午後二時から十時まで、次が昼十二時から八時まで、次が午前十時から夜六時まで、という具合に少しずつ早くなり、次の日が休みとなる。つまり、五勤一休というシフトである。休みの次の日が深夜勤務となる。このシフトの中に私も入ることになった。深夜勤務の場合、帰宅する時は会社の車やタクシーで家まで送ってくれた。

数々のミスもしたが、同僚や先輩方がカバーしてくれた。時には、私が、大きな印刷の間違いを見つけて褒められたこともあった。だから、この仕事はやりがいがあり、まさに適職だと思ったのである。そのうち忘年会などにも参加させてもらったり、仕事帰りの飲み会にも誘われた。

23　国家公務員初級受験へ（東京）

十月三日、東京へ国家公務員初級の一次試験を受けに行った。まだ青函連絡船と寝台車である。出発の時は少し緊張したが、札幌から函館までの列車の中では、気分が楽になった。本も読まず、ずっと窓の外の景色を眺めていた。私は小さい時から列車やバスに乗ると、寝ることはなく、窓の景色を眺めるのが好きだった。連絡船では、天気が良かったので、デッキに出て、函館山を、見えなくなるまでずっと眺めていた。新婚さんと修学旅行生がたくさん乗っていた。

青森からは寝台車である。二段ベッドの二等車で、ここでは参った。寝台に毛布がないのである。ホームにいた駅員に聞いても「あ、ないんです」と言うだけ。しかし、他の寝台にはあるのに私の所だけない。よく見ると、私の下の段の人が毛布を二枚被っていた。頭に来て、ビールを飲んで寝たが、寒くて寝られない。列車の中はけっこう寒かったのである。それでもうつらうつら六時間くらい横になっていた。

上野に着いたのは翌朝六時半ごろ、試験は次の日なので、どこも行くところはなかったが、懐かしく思って渋谷駅に行った。新聞配達しながら代々木ゼミに通った時から、三年ほどたっていた。まだ朝早い時間だったので人はほとんどいなかったが、なぜか懐かしい。周りは何も変わっていない。東急デパート、東急文化会館、あのときはよく来ていた。腹が減ったので上野駅に戻って、立ち食いそばを食う。待合所で九時まで座って、試験場の下見をすることを思い出して、新宿に行く。試験会場は文化服装学院の校舎であった。新宿南口より徒歩七分と書いてあったが、南口を出てからどっちへ行くか全然見当がつかないので、歩きながら途中の道路工事現場の警備員に聞いた。ずっとまっすぐ歩いて左側、といわれ、その通り歩いて行くと、校舎が見えてすぐわかった。新宿はあちこち工事中で建設ラッシュみたいだった。

その日は、新橋第一ホテルに泊まった。こんな立派なホテルでなく安いので良かったのだが、旅行会社に申し込んだら、ここを紹介してくれたので、言われたとおりそのまま予約したのだ。もちろん素泊まりである。ホテルに入ると、客室を案内してくれる女性が優しくてきれいな人だったので気分が良かった。やはり東京は違うと思った。私はたぶん田舎ものだ。

試験は、予想してたような問題で、全力で頑張って解答した。


やることは着実に実行していったが、その時の精神状態は、相変わらず安定していなかった。

十一月初め、公務員一次試験の合格通知が来た。その時は、言葉に出ないくらいホッとした。

今まで受験で不合格ばかりだったから、久々に合格して、気持ちが楽になった。私の、気が小さいという性格のせいもあるかもしれないが。

「十一月七日、金曜。

一日の夜だったか、一次試験合格の通知が来た。その時は、ほんとにホッとした。こんなホッとしたことはない。

だが、今は二次試験のことが心配だ。床屋にいかんとならんか。おれは東京に身寄りがないから落とされるのではないだろうか・・・、などと考えたりする。

強迫神経症である。どうにもこうにもならない。一人で悩んでいたってどうなるわけでもないのに。何にも変わらないのに。」

不安な気持ちと、期待と、家庭への不満と、自分への頼りない気持ちと、複雑に絡み合って、それを克服しようと精一杯だった。

また東京に行って、公務員の二次試験も順調に受けてきた。面接だから問題はない。今度は飛行機を使った。

翌年、一月、二次試験の合格通知が来た。

が、そうなると今度は、どこの役所に採用されるだろう、と心配になった。希望地域は東京都しか書かなかった。埼玉県も書いておけば良かったか、と心配する。実際、その後なかなか各官庁の面接照会が来なかったのである。札幌に住んでるから、だめなのかなとも考えた。

でも、採用されなかったら、校正の仕事を探してアルバイトの形で働いて、大学の夜間部へ行きたいと思った。今の仕事はとてもおもしろいが、札幌にいては、大学文学部の夜間部がない。そしてさらに、私はその時、この家を出たいと切望していた。

24　東洋大学文学部夜間部を受験（東京）――浪人生活終わる

三月、またまた東京へ行き、東洋大学文学部第二部（夜間部）国文学科を受験する。会場は本校舎の文京区白山だったので、旅行会社に申し込むと、このときは新宿の京王プラザホテルを予約した。入試当日、下見もしないで地図と説明書を見て、新宿から山手線で巣鴨へ行き、地下鉄都営六号線（今の三田線）に乗り換える。巣鴨駅の乗り換えホームを歩いていると、群衆の中に、一人学生服を着た体格のがっちりした男子が「東洋大学　➡」というプラカードを持って立っていた。その矢印の通りに行くと、地下鉄都営六号線のホームに着いた。きっと東洋大学の応援団の学生だったのだと思う。大いに助かった。予定通り、三科目を受けて札幌に帰った。飛行機で往復した。

三月十五日、千葉市にある科学技術庁の役所から連絡が来て、面接を受けに行った。受けたのは十人くらいいて、面接官も十人くらいいた。集団面接である。私は一番左側に座った。面接内容は順調だったが、私のちょうど向かい側にいた面接官が、私に、「夜間大学に行くんですか。東洋大学ですか、ちょっと遠いね。」と優しく聞いてきた。やはりそれが一番気になった。

結局、東京に四往復した。日記に、「東京へ四往復した。まいったよ。」と書いてある。一度は列車で、あとの三回は飛行機で往復した。旅行は好きだし、乗り物も好きで、この時初めて飛行機に乗った。しかし、とても金がかかった。格安航空などない時代である。

三月二十三日、東洋大学夜間部合格の通知が来た。大丈夫だろうと思ってはいたが、本当に通知が来ると安心する。通信教育の校正講座が終了した。大学受験の講座も公務員受験の通信講座もすでに終わっている。新聞社のアルバイトも十三日でやめた。ただ、千葉の役所は不採用との通知が来た。予想はしていたが、やっぱりだめかと残念に思った。しかし、嘆いてばかりではいられない。大学は受かったのだから、念願の文学の勉強をするため、また荷造りを始めた。

大学に行くための準備をし、四月三日、東洋大学の入学案内を持って飛行機に乗った。あの、長い長いトンネルのような浪人生活が終わったのである。高校を卒業してから五年の歳月が流れていた。もう二十三歳になっていた。

四、大学生活

1　夜間大学とアルバイト生活

東洋大学に着いたのは、四月初旬、土曜の午後だった。さっそく、厚生課に行って、まずアパートを紹介してもらった。東洋大学は文京区白山なので池袋方面が多かった。二件紹介してくれたので、公衆電話で連絡したが、二件とも連絡がつかなかった。そのうち、厚生課の窓口が閉まってしまい、どうしようもなくなったので、土曜日と日曜日、二泊もホテルに泊まった。月曜日にまた大学に行き、アパートを紹介してもらい、電話すると連絡が付いて、空いているというので、やっと安心して、荷物を持ってそこへ行った。

そこは、豊島区池袋の西口から歩いて十分ほどの所だった。大家さんの敷地に、二階建ての離れみたいな建物があり、一階にはおばあさんが住んでいて、その二階が六畳一間の貸し室になっている。古い白黒テレビがあってそれを使って良いということだった。私は、布団と段ボール一箱の衣類と辞書とラジオだけ持ってきた。

まず、昼のアルバイトを探さねばならない。できれば校正の仕事をしたかった。探してみると、リクルートの子会社の印刷部門でちょうど運良く校正係のバイトを募集していた。大塚駅から歩いて十分のところで、近くてこれはいいと思ったので、さっそく申し込んだ。筆記試験と面接があり、筆記試験はけっこうできたし、面接でも北海タイムスの校正の経験を聞かれてそれが良かったようで、採用となった。ただ、仕事は二十一日からということだったので、それまで何かしなければと思い、すぐできる倉庫での雑誌の仕分けの仕事をした。雑誌を二十冊くらい束ねたものを持って、ベルトコンベアーに乗せる。これがかなりの肉体労働で、以前の痔をまた悪くしてしまい、三日でやめた。三日間で六千円になった。これで手持ちの金は四万ほどであった。来月は、どうやって食べていこうかと、心細かった。

四月、借間に入ってから肌寒かった。雨模様の天気が続き、風邪を引いたらしい。東京の部屋は、これまた、全然火の気がないのでよけいに寒く感じた。

2　やっと始まった大学の勉強

いよいよ、待ちに待った大学での勉強が始まった。東洋大学は文京区白山である。昼の仕事が五時で上がり、電車で大塚から巣鴨に行き、地下鉄都営六号線（今の三田線）に乗り換え、白山で降りる。歩いて十分ほどで大学に着く。五時半くらいになるので、まず学生食堂で夕食をとり、一講目が六時から始まる。夜間部は一コマ七十分で、一講目が六時から七時十分まで、二講目が七時二十分から八時三十分まで、三講目が八時四十分から九時五十分まで、となる。これが月曜から金曜までだが、私は、履修科目を何とか調整し、水曜日は二講目で終わるようにした。講義が終わると、また白山から地下鉄に乗り、巣鴨から山手線に乗り換え、池袋で降り、歩いて十分、十時四十分ぐらいに家に着く。着いたら、銭湯に行くか、行かなかったらだいたい疲れて寝る。銭湯は近くにあって良かったが、十一時までだったので、急いで支度して行くと、ぎりぎり間に合った。そして、あとは疲れて寝てしまう。これが、だいたい平日の日程であった。

朝は、七時十五分くらいに起き、朝食は記憶がない。缶コーヒーを飲んでいた。八時十分ころ家を出て、池袋から大塚まで電車で行き、駅から歩いて十分で会社に着く。だから、交通の便はとても良かった。さすが東京であった。

昼働いて、夜大学、という生活なので、体力的にも精神的にもきつかったが、大学での勉強は予想してたとおりとてもおもしろかった。一年と二年は、主に一般教養課程で、人文科学、社会科学、自然科学から三科目ずつ取らなければならない。よく覚えているのは、自然科学で、生物学と天文学をとって、講義がとてもおもしろかったことである。私は、やはり理系が好きなのかな、などと思った。社会科学では、「社会学」の講義が記憶に残っている。その講義で、最初に若い教授の言った言葉が今も忘れない。「何か疑問があったら私の研究室に質問に来てください。君たちは質問する権利を持っているのです。本当は来られると仕事の邪魔になります。はっきり言うと邪魔になるから来てほしくないです。しかし、質問があったら来てください。

それが君たちの『権利』ですから。」こう言われて、私は何か、自分の勉強の意志を問い詰められたような気がして、胸にぐっとくるものがあった。やっぱり大学の授業は違うなあ、と大いに感心したのである。

人文科学では、なんといっても「文学」がおもしろかった。著名な文芸評論家が教授として講義されており、テーマはドストエフスキーの『罪と罰』であった。さっそく文庫本でそれを買い、約一か月かかって読了した。バイトと大学の授業で時間をほとんど取られるので、前のように自由に本を読む時間がない。

しかし、浪人時代と違って、安心して本を読むことができた。このころは評論の本を読むのが多くなった。江藤淳氏の『漱石とその時代』は、読んで、漱石がますます身近に感じられるようになった。また、山崎正和氏の評論、鈴木孝夫氏の言語学『閉ざされた言語、日本語の世界』『ことばと文化』、等々、また、深田祐介氏の『新西洋事情』は、その当時、ベストセラーになったと思う。これも古本屋で見つけて買った。近くに古本屋がいくつかあり、また、たしか池袋駅前には、芳林堂書店があって、これが大きい本屋さんで、たくさんの本が置いてあり、何度も足を運んだ。やっぱり東京である。書籍を探せば、いくらでもあった。単行本は高いので古本屋で探してみる。あと、文庫本や新書はまあまあ安いので、おもしろそうなのは、ほとんど文庫本と新書から探して買った。

英語も、浪人時代にけっこう勉強したので難しくなかった。授業はおもしろく懐かしい。第二外国語は、ドイツ語をとった。科学や医学、哲学に多く使われていると聞いていたからである。その授業は人数が少なかったので、自然とクラス仲間と話もするようになり、日本語訳を教え合ったりした。夜間部は、帰りが夜遅くなるから女子は少ないだろうと思っていたが、案外たくさんいた。半分くらいは女子だった。

3　アルバイトの仕事――校正係

仕事の方も、希望していた校正の仕事であり、新聞配達や重い荷物を持つ肉体労働ではないので、おもしろかったし、毎日楽しく続けられた。また、その職場が若い男女が多くて、そういう仲間と一緒に仕事ができてそれも大きな楽しみであった。当時は、リクルートの雑誌、週刊誌の「就職情報」(今の「リクナビ」や「タウンワーク」か)それから、週刊「住宅情報」(今の「すまいる」や「スーモ」か)、などが主な仕事で、「じゃらん」はまだなかった。それらの雑誌が、活字印刷ではなく写植印刷という方法で、その版下を作成し、それをコピーして、原稿通りに打たれているか、校正係がチェックするのである。まだワープロやパソコンのない時代だから、オペレーターと呼ばれる人たちが、和文タイプのように、文字を拾って印画紙に打ち込んでいく。それが版下である。校正係は、打ち間違いや、漢字の使い方などを一文字一文字チェックしていく。地味ではあるが根気のいる仕事で、もちろん、言葉、漢字の知識が要求される。だから、徹底的に辞書で確認する。知らない言葉や漢字はもちろん、知っているものでも、ちょっと疑問を持ったらすぐ辞書で確認する。新聞社の校閲部と同じような仕事である。だから、とても面倒で細かい作業だが、私はこういう地道な仕事が好きだから、いくらでも続けることができた。私はこの仕事に向いている、とまで思ったのである。

ただし、失敗もたくさんした。一度、大きな見出しで「太閤秀吉」とあるところを「太閤・秀吉」と印刷されてきて、それを全く気づかずスルーしてしまった。そしてそのまま本になってしまった。あとで、アルバイトで応援に来ていた新聞社の校閲部の人に、間違いを指摘され、大恥をかいた。このときは、さすがに、自分の未熟さを痛感させられた。校正係の責任である。しかし、上司も皆も非難することはなかった。

その職場は、二十人くらいいたと思うが、皆、若い人ばかりで、活気があった。会社の業績も、右肩上がりで伸びていった時代である。若い男女が、和気藹々と仕事をし、同僚のつきあいも良く、仕事を楽しんでいる様子だった。中には、社内恋愛があったり、結婚もあったりして、何かテレビドラマに出てくるような雰囲気を感じた。

私も、仕事がおもしろかったので居心地が良かった。ただ、夜間大学に通っていたので、夕方五時には上がらせてもらっていた。リクルートはさすが先進的で、土日が休日となっていた。

が、私は、日曜日は休日出勤していた。皆休みで誰もいないのだが、やるべき校正の仕事は、棚に残っているので、それをどんどんこなし、タイムカードを押して、休日出勤させてもらっていた。会社に入る鍵はどうしたのかは記憶がない。

なぜ休日出勤したのかというと、お金を稼ぎたいというのはもちろんあったが、それと同時に、会社はクーラーがあるのである。夏に近くなると、もう、借間にいると暑くて何もできなくなった。それなら会社に行って涼しいところで仕事をした方がよい。一年目は、たしか、土曜は大学の図書館に行って涼みながら勉強し、日曜日は会社で、クーラーの下で仕事をする、という生活だった。四年前に新聞配達をして予備校に通って勉強してたときとは全然違っていた。仕事も勉強も楽しくて、毎日が充実していた。

いつだったか忘れたが、夜、いつものように部屋に帰ると大家さんから連絡があり、昼に、東京のある役所から二度ほど電話があって、連絡してほしい、と伝えられた。きっと初級公務員の採用面接のことだ。その時私は、この会社の校正の仕事がおもしろく、職場もよかったので、ここを続けたいと思った。それに、平日の昼、連絡をくれと言われても、仕事をやっているわけだから電話をするわけにいかない。ケータイなど全くない時代だから、どこか公衆電話を探してかけなければならない。昼休みに、それに、面接を受けたとしても、また、夜間大学に通っているということで、不採用になるのではないか、とも考えてしまい、電話をしなかった。こういうところは、自分でも、とてもネガティブな性格だと思う。しかし、本音は、面接試験に疲れた、ということもあった。その役所の電話をくれた人には悪いことをしたと思った。

このとき、もし電話をしていれば、採用になったかもしれない。つまり、国家公務員になったかもしれないのだ。それほどの人生の転機だったと思う。私はそのころ、メンタルが弱かった。一度失敗すると、二度目はなかなか進めない。

それでも、本は読み続け、日記を見ると、八月、江藤淳の『漱石とその時代』一部、二部、読了。十二月『カラマーゾフの兄弟』読了、と記してある。これは中身は難しかった記憶があるが、全四冊読み通した。その他、できる限り読んで、大学の授業やレポートも苦労しながらも何とかやっていた。ただ、やはり、時間が欲しかった。

4　大学で美人女子学生発見――実らず

大学一年の時に、国文学基礎演習という科目があった。たしか徒然草の解釈をやったように思う。その教室で私は、とてもきれいな女子を発見した。第二外国語はフランス語クラスらしく、他の教室では見たことがない。だから、その科目だけ一緒になった。初めは、五十人くらいいたので気がつかなかったが、後期あたりから、目にするようになった。何とか話しかけてみたいと思って、後期も終わりごろ、ドキドキしながら一度、声をかけてみた。私のことだから、直接、友達になって、とか言えなくて、彼女の席の斜め後ろに座り、「今度の宿題なんだっけ?」とか、恐る恐る聞いてみたのである。彼女は、普通に答えてくれた。そのあとは何も言えず、それで終わり。

次の週、また、教室にいるかもしれないとドキドキしながら、教室に行こうと階段を上がって廊下に出ると、向こうの廊下の突き当たりの教室の入り口に立っていた。立ってこちら側を向いているのである。私はそれだけで緊張してしまった。まだ、ずっと向こうにいるのだが、こっちを向いているというだけで、パニックになり、頭が真っ白になった。そうなると、自分でも自分をコントロールできない。ただ歩いて行って彼女の横を通って教室に入ってしまう。挨拶も何もできないのだ。いつもの席に座って、(どうしよう、どうしよう、何か言った方がいい、何を言えばいいだろう、何を・・・)と、心臓をバクバクさせながら考えていた。そして、何分か時間が過ぎてしまって、入り口の方を見ると、彼女はもういなくなっていた。

彼女はとてもきれいな人で、私は密かに(ミス東洋だ)と、自分一人、心の中で思っていた。それほど美人だったのである。その後は、教室に来なくなった。期末試験も終わったころ、私は何か、彼女はもう来ないのではないか、という予感がした。二年になったときその予感は当たってしまった。どこの教室を見てもうどこにもいなかった。

一度のチャンスを逃したら、二度と同じチャンスはやってこない。このとき実感したことである。きれいな女性に対しては中学の時と変わらなかった。

十一月中ごろ、借間の部屋があまりに寒いので電気ストーブを買った。そして、「強」にして使った。そしたら、この離れの家のヒューズが切れた。電気を使いすぎると、当時はブレーカーが落ちるのではなく、ヒューズが切れるのである。私は多少電気のこともわかったので、懐中電灯で照らしながらヒューズを交換した。大家さんのおばさんは「何で切れたんだろう。そんなに電気使ってないはずだけど」と、不思議そうに言っていた。私は、その後すぐ電気ストーブを「弱」にして使った。それでも電気代は普段よりうんと高かったらしい。私は、電気ストーブを使っていることを話し、家賃と別に二千円ほどを、「これ電気代に足してください。」と言って渡した。

十二月末、父から、正月に帰ってこい、ということで五万円送ってくる。が、私は帰る気はなかった。父に反発していた。

十二月三十一日、正月に実家に帰らずにいるのは、大家さんや下のおばあさんに知られるのが恥ずかしいので、実家に帰ると嘘を言って、三十一日に新橋第一ホテルに一泊した。そこは東京に受験に来た時に何度も利用したホテルである。一晩、ホテルでテレビを見て年越しをして、借間に帰った。

5　川越へ引っ越す――大学二年

そんなこともあり、もう少し自由にというか、気を遣わないで生活したいと思い、引っ越すことにした。それが、なんと川越の一つ手前の新河岸だったのである。今思うとずいぶん遠いなと思うが、その時は、新聞広告で安い物件を探したら、たまたま新河岸に手頃なアパートが載っていた。東武東上線で一時間ぐらいだったので、電車通勤もいいかなと安易に考え、その不動産屋に行ってそこに決めた。何か、早く今の借間から出たいという気持ちが強かった気がする。私は何かあると、すぐそこから逃れたいと思ってしまうようだ。

大学では、二月に期末試験が終了する。各科目、記述式問題やレポート形式が多かったが、まじめに勉強してたので、それほど苦労しないで受けることができた。結果は全部単位を取ることはできた。

二月、大学が春休みの時に、新河岸に行ってアパートを見てくる。六畳一間、トイレ、風呂付きの普通のアパートだ。そして二十七日に引っ越した。新河岸の周りは、田んぼや畑がたくさんあり、住宅はまだそれほど多くなかった。駅前に東武ストアが、この一月にできたということで買い物は便利であった。

何とか引っ越しも終わり、日記に、「三月十二日、土曜日、机を買って、今日届いた。」と書いてある。やはり、机は欲しかったのである。ただし、アルバイトの給料で、ぎりぎりの生活であることに変わりはない。

大学の一年の単位は全部取れていた。二年の受講科目を選び手続きをする。一年の時より少なくてすんだので少し時間的に余裕ができた。四月から、二年の講義が始まったが、やはり川越からの通勤、そして大学から川越まで帰る時間、合わせて約二時間は、けっこうきついものがあった。

疲れて、会社が休みの日でも、なかなか勉強がはかどらない。とにかく疲れるのである。やはり通勤の電車が辛いのか、と思った。また、その時はテレビもないので、部屋に一人でいるのが寂しい。五月の給料をもらったら、一度札幌へ帰るつもりだったが、夏休みに延期した。引っ越しにお金を使ってしまったからだ。

夏になると、暑くてたまらなくなった。今年は、大学の図書館も、土、日、休館になってしまった。ただ、読書は続けて、山崎正和氏の『不機嫌の時代』『劇的なる日本人』『芸術、変身、遊戯』など、評論を読んでいた。

新河岸への引っ越しは、池袋の部屋が、普通のアパートでなく、間借りみたいなもので、いろいろ気を遣うので早く変えたいという理由だった。それで、深く考えず、電車通勤も甘く見ていたと思う。やはり疲れて勉強の時間をとれないので、また引っ越すことを考えた。新河岸に越してきた時、すぐまた引っ越すかもしれないというような予感が、かすかにあった。

6　また引っ越す——池袋へ

八月初めごろ、今度はよく考えて、地理的にいいところを探そうと思い、池袋駅か巣鴨駅の近くを調べた。札幌で新琴似のアパートを探した時のことを思い出し、不動産屋の掲示物を見て回った。そうしたら、池袋駅から十分のところで六畳一間トイレ付きというのがあり、連れて行ってもらった。見ると押入と流しもついていて、古いことは古いが、値段も予定内だったのでそこに決めた。二階で日当たりもまあまあである。トイレ付きが良かった。巣鴨は地下鉄駅の近くでいいかなと思ったがアパートは少なかった。大学が夏休みのうちに引っ越したいと思い、八月十七日に不動産屋で契約した。家賃は二万四千円で雑費が千円、引っ越しするたびにだんだん高くなっていく。現在のアルバイトの日給は四千百円、二十日働いて八万ちょっとだから、何とかなるだろうと、そのへんはとても楽観的だった。

ただ、驚いたことに、そこは前に住んでいた借間の家の近くだったのだ。驚くと同時に、何だ良かったわ、と思った。食堂も銭湯も、よく知っているからだ。駅へ行く道が違って、一本隣の道だった。距離的には変わらず歩いて十分ほどだ。
八月二十八日、日曜日、引っ越しが完了し、ホッと一息ついた。日の明るいうちに馴染みの銭湯へ行ってさっぱりした。気持ちが楽になった。やっぱり銭湯はいい。

しかし、夏の暑さには参った。今年は、土日、大学の図書館が休館になったので、部屋で勉強するしかない。日曜出勤もやめて勉強した。クーラーはもちろんないので、窓を開け放しにして机に向かう。時々寝転んでうちわで扇ぎながら本を読む。夜は、上半身裸で、腰にタオル一枚かけて、うちわで扇ぎ、そのうち眠ってしまう。そのころ、朝はレトルトのシチューを買い置きして、毎日、それと缶コーヒーとたばこであった。

7　テレビを買う

九月、テレビがないとあまりにも寂しいので、近所の電器屋さんに見に行って、一番安い十四インチのテレビを買った。それまではラジオだけは持っていたので、ＦＭのラジオドラマなどを聞いていた。これでまた、札幌へはしばらく帰れない。旅費がない。テレビを買ったあと、日曜日には、昔のように一日中テレビを見た。時々懐かしくなった。しかし、読書は続けた。そのころ、城山三郎氏の『雄気堂々』に新たなおもしろさを発見し、上下巻を二日続けて読了した。これはラジオの文化講演会で城山氏の話がおもしろかったので読んでみたのである。その後も『落日燃ゆ』を読む。伝記小説に興味を持った。
スチールの本棚を買った。本が溜まってきたので、どうしても欲しかった。本を並べてみると本棚一つほぼ全部の棚に本が並んだ。

会社の方では、十月中ごろ、気候がいいので、皆で郊外でバーベキューをやりに行こう、という話が出て、飯能へ行くことになった。飯能という所はもちろん初めてだ。私はなんと読むかも知らず、「いいのう」と最初思っていた。西武池袋線だったか、忘れたが、皆で食材を持ち池袋駅に集合した。私は、たしか長ネギを担当し、前日に渡されたネギの入った紙袋を持って駅に行った。皆が集まり、電車で、ずうっと山奥の方へはいっていく。飯能の駅で降りて、少し歩くと湖があった。周りは、緑いっぱいで、山があり、湖があり、木材をしまう倉庫がぽつんとあって、もう何年も見ていない自然の風景であった。毎日、池袋と大塚と白山という都会のビルの中だけで過ごしていたので、私は思わず、胸の中で、「ああ、北海道の歌志内とかの田舎を思い出す感じだ。」とつぶやいた。本当に久しぶりに、自然の風景を思い出したのだ。

8　将来を考え始める

大学も後期が始まって、約二か月ぶりに皆の顔を見て懐かしい気持ちになった。一般教養と、外国語、特にドイツ語の先生が独特でおもしろかった。哲学が専門で、いろいろな本を出していた。私の読書は、評論が中心になっていった。

そうして、自分の先のことを考え始めた。大学文学部を卒業して何になろう、何をしよう。出版社や新聞社に入れればいいが、それは本当の一流大学でないとなかなか難しいだろう。などといろいろ考えた。周りの友人たちは、教員を目指しているものが多かった。それでほとんどが教職課程をとっていた。東洋大学は全体的に教員志望者が多かった。私はそんなことも考えず、ただ本を読んで、おれもこんな評論とか書いてみたいなあ、などと空想していた。

9　教師を目指す決心

大学入学当初は、そんな思いだけだったが、だんだん現実を考えるようになった。その時、漱石か何かの本で見た、「生活者」という言葉が頭に浮かんで、私に迫ってきた。そして、大学二年の十二月、来年は、教員免許を取得するため教職課程も受講することを決めた。教員になれば、生活も安定するし、国語や文学の勉強もできる。いろいろ考え、教員になるには、国立大学とか慶応、早稲田などというブランドは必要ない、教員採用試験に合格すればいいのだ、と思い至った。私も教師になろうと決心したのである。

季節は冬を迎え、朝晩冷えるようになってきた。このアパートでは、あの電気ストーブはあまり暖かくならず、電気代ばかり食うので使わなかった。部屋に都市ガスの元栓がついているので、小さいガスストーブを買って付けた。これで十分暖かかった。食事は変わらず、土日は外食ばかりで、朝はレトルトのシチュウと缶コーヒーとたばこであった。風呂は近くに銭湯が二つあり、どちらにもコインランドリーがあるので、そこで洗濯する。コンビニはまだなかった時代だ。が、贅沢さえ言わなければ、一人暮らしは十分気楽で楽しいものであった。

正月に札幌に帰るか、ちょっと迷ったが、父への反発は変わらず、というか、正月に帰っても、父と二人きりで家にいることになるから、それが嫌だった。ただ、五月の連休あたりに一度帰ってみようかと考えた。

元日は、店が休みになるので、一人暮らしにとっては困る。日記を見ると、「一月一日に吉野家へ行って牛丼を一回、あと即席ラーメン。二日は、ラーメンとのり巻きを買う。」とある。私は料理は面倒くさいのでしたことがない。味にもこだわりがない。小さい時から人の家で食事をとることが多かったから、好き嫌いは言わない。ただ、筋子とイカの塩辛は苦手であった。

二月、期末試験が終わる。試験後、春休みは、古典の勉強をしようと考えた。国語の教員免許を取るには、古典が必要となる。私は、工業高校だったから、古典は科目として「古典甲」だった。これは古典の一番単位の少ない科目で二単位しかなく、高校では三年の時、週二時間だけだった。だから、古文の解釈はほとんどわからないのである。浪人の時も少しは勉強したが、ほとんどわからないうちに四年の時が過ぎた。

10　大学三年の春

大学三年の春となった。教職科目を三つ全部履修することにした。普通は、一年で教育原理、二年で発達心理学・青年心理学、三年で教科教育法、そして四年になったら教育実習、となるのだが、私は、一、二年の時、教員になることを考えていなかったので、何もとってなくて、三年の時この三つの科目をいっぺんに履修することになってしまった。四月に、三年の履修届を、教務課の窓口に出したら、係の先生が点検してくれるのだが、私が出した時、先生は、三つも教職科目が入っているので、ちょっと驚いたようだったが、笑いながら、「はい、いいですよ」と言ったのをよく覚えている。私もちょっと笑ってしまった。

普通は、三年になると履修科目は少なくなっていくが、私の場合、三つ加わって、十三科目になったと思う。夜間部は一日に三科目しかとれないから、ほとんど毎日講義がある。たしか、月、火、木、金、が三時間、水曜が一時間だったと思う。週五日、毎日大学に出なければならない。これを続けると相当疲れる。ある時、私はあんまり疲れて、眠くてしようがなくて、大学の図書館のロビーに長イスが置いてあるので、そこに横になってしばらく寝たことがある。図書館はすいてはいたが、学生たちがいて、時々、歩いてくるので、ちょっと恥ずかしかったが、とても眠かったので、横になった。眠りに入ることはなかったが、それで少し楽になった。空き時間に三十分ほどである。

この年の五月の連休に、初めて札幌に帰った。新琴似のアパートである。父は相変わらずであった。ただ、何も特に言わなかった。アルバイトをした新聞社の上司に挨拶に行った。私が教員になろうと思っていると話すと、「今、教員になるのはなかなか難しい。就職口がないだろう。中級公務員を受けたらどうだ。」と言って、いろいろ心配してくれた。

このころ、アルバイトしてた会社が、大塚から新橋に引っ越した。地下鉄の日比谷かどっかから降りて五分くらいの所だ。大学に行くには地下鉄都営三田線で、変わらずに行けるので良かった。ビルの二階か三階で広くなった。人数も増え、校正係もバイトの人数が増えて、私はその中で先輩になってしまった。もうこの仕事も二年以上続けているので、すっかり慣れて、気持ちにも余裕ができてきた。私の一生懸命さも評価され、給料も少しずつ上がっていった。ただ、忙しいのは変わらずだった。リクルートはどんどん成長していって、仕事も増え、校正係の社員の人は基本給より残業や休日出勤の手当の方が多い、とか言っていた。

会社の昼休みは、今度は新橋で調理パンを一つ買って食べた。緊張するせいか、一つで満腹になった。いろんな店がたくさんあった。また、あの有名なニュー新橋ビルがすぐ近くにあって、見物に行った。当時、飲食店もたくさん入っていたが、テレビゲーム屋さんが流行っていたのである。ブロック崩し、インベーダーゲームなど、たくさん置いてあって、昼には、たくさんの人が来て遊んでいた。スーツを着たいい年のサラリーマンや制服のＯＬもたくさん来ていた。私は、お金がもったいないので、ちょっとだけやって、あとは見物するだけにして、そのうちあまり行かなくなった。

教員免許を取るためには、四年時に教育実習をしなければならない。それで三年の七月に、教育実習の依頼のために、また札幌に帰り、母校の琴似工業高校へ行った。教育実習は母校にお願いするように、と大学から言われたのだ。実情は教育実習を引き受ける学校がないからだ。これは私が教員になった時よくわかった。担当する教員の仕事が一つ増えるのだ。負担がかかると言ってもいい。

それで、一年前にお願い、ということで挨拶に行く。私の場合、卒業してから、就職して一年、浪人四年、そして大学三年と、計八年過ぎているので、私が生徒だった時の先生方は、多くが転勤または退職されていて、お願いする国語の先生は誰も知っている先生はいなくて、建築科は札幌工業高校に移っていて、習った先生はいない。その中で唯一、数学の三年の時習った先生がいたので、その先生に話をして国語の先生を紹介してもらって、教頭先生にも挨拶をして、来年、教育実習をさせていただくこととなった。「知ってる先生がいなくなるということは、実に寂しいものであります。」その時の日記である。

11　暑い夏の夜の事件

東京に戻ると、暑い日が続いた。そのうち猛烈な暑さが来た。今年は去年よりも暑い。あまりの暑さに負けて、私はとうとう扇風機を買った。そのことを職場の仲間に「今年は暑くてついに扇風機を買ったさ」と言ったら、なぜか皆にウケた。

いつか、とても暑い夜のこと、事件が起きた。私は例によって上半身裸で、窓を半分ほど開けたままうちわで扇ぎながら寝ようとしていた。すると、なにやら昆虫みたいなものが、羽をブーンと言わせて窓から部屋の中に入ってきた。私はびっくりして起き上がり、どこに行ったか探した。最初はカブトムシか何かと思ったのだが、カサカサカサといって歩くのがめっぽう速いのである。部屋の隅を走るように移動していく。明かりを付けてよく見ると、カブトムシくらいの大きさの昆虫らしきものが見えた。ゴキブリだ。北海道にはいないので私は初めて見たのだ。聞いてはいたが、さすがに本物は立派な形をしている。私は慌てて、殺虫剤スプレーを取り出し、思い切り噴射してやった。ところが、そいつは、弱まるどころか、こっちに向かってきて、カサカサカサと俊敏に走ってくるではないか。スプレーを何度吹きかけても全く効き目がない。私は後ずさりしながら、今度は新聞紙を丸めて、叩きつぶそうとした。が、彼も逃げ足が速いのでなかなか当たらない。そうやって、しばらくの間ゴキブリと格闘し、やっとの思いで仕留めた。東京にゴキブリが出ることは知っていたが、その時初めてゴキブリは飛ぶんだと知って感心した。それにしても、生命力は強いし、カブトムシのようにのっしのっしと歩くのでなく、カサカサカサと走る速さに驚嘆した。殺してしまってから、何か怖くなり、窓を少し閉めて、やはり暑いので少しだけは開けておいた。

ちょっと前に、カフカの『変身』を読んだばかりだったので、なおさら気味が悪かった。

12　読書と勉強を続ける

読書は、評論、さらに進んで、言語学から哲学へと広がっていった。三浦つとむ氏の『日本語はどういう言語か』から始まり、大いに刺激を受けた。その後、『弁証法はどういう科学か』『認識と言語の理論』などを読み、『哲学入門』『弁証法いかに学ぶべきか』へ続いていった。これは文系でもあり、理系でもあると感じた。哲学は認識論という科学であるという言葉に共感した。そして、『経済学・哲学草稿』から『経済学批判、序説』、そして、『資本論』につながっていった。そこで書かれていた「労働と労働力とは違う」という説明に驚いた。「資本の蓄積」もよくわかる。資本主義には格差が生じる、ということは肌で感じていた。私は別に左翼ではない。科学として経済学、哲学を学んでいった。だから、その後『フォイエルバッハ論』『自然弁証法』等々、時間のある限り読んでいった。このとき、今まで好きではなかった社会科学のおもしろさを知ったのである。

大学の授業は、たくさん受けていたので、その勉強にも追われ、疲れも溜まっていった。その時の日記、

「九月二十五日、月曜。

先週の木曜から腹痛、下痢し、また、咳も悪化して寒気がして、昼で会社を早引き、帰って寝ると、熱が出て、三十八度五分。汗をかいて下着を何度も取り換える。

金曜、熱は下がったが、咳と下痢はやまず。会社休む。

土曜、腹の痛み下痢が止まないので、正露丸を買う。

日曜、咳が止まないので、咳止めの薬、ブロン液を買う。

今日、昼ごろ、両者何とかおさまる。

一週間ぐらい前に、咳がひどいので、ブロンの錠剤を二粒飲んでいたら、便秘になって、サラリン錠を二粒飲んで、次の次の日が（先週の）木曜である。」

私は、建設会社に勤めてから便秘がちになり、痔も悪くしていたから、便秘が怖かった。それで下剤を飲んで下痢して、それが原因でまた風邪を引いてしまったようだ。


「十一月八日、水曜日。睡眠、十二時から七時三十分、会社遅刻。

大学後期もあと二か月だ。一週間毎日講義が続く週は、四回くらいだ。二つある銭湯の片方が立て替えで休業してるから、もう片方は水曜定休なので、月、火、木、金が三時間講義があって、しかも出席をとるから、風呂へ行く暇がなくて困るのである。あと四回と、自分を励ましている。

実際に、一週間全部講義があると疲れる。眠いこともあるが、それより飯があまり食べなくなる。心臓も疲れる。水曜を抜いて何とかもたせている。四年になれば、週四科目だけだ。そうなれば、体力的な問題は解決するだろう。時間的な余裕も多少できるだろう。

ほんとは、五年やりたいと思うのだが、経済的基盤の確立を、まず図らねばならない。」

「十二月二十四日、日曜。睡眠、午後六時から午前五時

今朝は、四時に目が覚めた。きのうは、六時ころに眠ってしまったのである。その週は、夜はだいたい十二時過ぎに寝ていたから、睡眠不足が溜まっていたのだろう。昼間も、体の具合が悪く、食欲もなかった。果たして寝不足だったのである。授業はあと二週間だから、もう大丈夫だ。マイペースでじっくりやろう。」

あと少し、あと少し、と自分に言い聞かせながら、仕事と大学と、懸命にやり続けた。ある時、図書館で本を読んでいたら、右目がぼやけることに気がついた。眼科に行くと、右目が仮性近視です、と言われ、目薬をもらった。時々は窓の外の遠くを見るようにした。これは、教員になって北海道に帰ったら、しばらくして自然に治った。

十二月末、自動車免許の更新をしなければならなくなり、府中の運転免許試験場へ行った。当時は三年ごとの更新で、札幌で一回経験しているので、要領はだいたいわかっていた。府中の試験場へ行って、バスを降りると、代書屋がバス停のすぐ前にたくさんあり、さっそくあちこちから手招きしてきて驚いた。手続きは順調にいったが、視力検査の時、右目がぼやけて危なかった。両目で見て、やっとパスした。次回の更新の時は眼鏡が必要になるかもしれないと思った。しかし、片目だけがこんなに悪くなるとは驚きで、心配になった。私の効き目は右目で、この年の夏ごろから右目が見づらくなっていたのである。

十二月二十六日、火曜日、会社の休みをもらって、高校の国語の教科書を買いに行った。来年の教育実習に使うものである。地図で探しながら、尚学図書、明治書院、東京書籍とまわって、足がとても疲れた。

当時の日記、

「一月四日、木曜。晴

十二月二十九日から、会社も正月休みとなった。一月元日、今年の正月も去年と同じくアパートで寝正月を決め込む。三が日はほとんどテレビを見て終わってしまう。教育テレビの『新春討論会』は、長時間だったが、著名な評論家がたくさん出てとてもおもしろかった。

外はとても静かである。このアパートの住人もほとんど帰省したようで、鍵がかかって誰もいないようだ。あちこちの店もシャッターが降りていて、道路にも人影がない。あまり静かすぎて、ついテレビをつけてしまう。そうすると見てしまう。私の場合、見入ってしまうのである。

漱石の『文鳥』を読む。これは、国語科教育法の課題に使われたため、必要に迫られての読書だが、とても懐かしい感じがした。漱石の観察眼もさることながら、それよりも心の内面の一端を伺わせるものである。」

正月休みが明けて、大学も冬休みが終わり、仕事と大学の生活に戻る。この冬は、東京に来て三回目になるので寒さにも慣れてきた。部屋のガスストーブがちょうど良かった。大学は、まもなく期末試験が始まる。今年は科目数が多いが、何とかやってきたので大丈夫だろう、と少し余裕が出てきた。

ただ、経済的に苦しいことは変わらずだった。

冬のある寒い夜、腹が減ったが、食べ物が何もなかったことがある。即席ラーメンもない。店や食堂はもう閉まっている。どうしようもなく、醤油があったので、醤油を茶碗に少し入れ、お湯で割って飲んでみた。出汁がないからあまりおいしくはないが、体が温まった。ただ、醤油を飲むのは体によくないと、どこかで聞いたことがあったので、その時一回だけで、やめた。

三月、春休みとなり、自分の勉強の計画を立てる。まず、部屋の模様替えをした。その時の日記、

「三月十一日、日曜、晴、風強し。

今日は朝から、部屋の机と本棚の位置を変える。少し広くなった感じである。ついでに掃除をする。一か月ぶりくらいか。」

「三月十八日、日曜、強風。

ジャンパーを西武デパートより買う。今着ている半コートは、正月にクリーニングに出した

あと、毎日着ているから、もう二か月半続けている。少しほこりっぽい。」

「三月二十三日、金曜、晴

最近、会社の昼休みに、ニュー新橋ビルに行ってテレビゲームをやっている。食事もとらないで。きのうからスペースインベーダーを始める。きょうは千二百円、十二回くらいやってしまった。まわりは、サラリーマンやＯＬたちが一生懸命になって遊んでいる。昼休みにはほとんど満員である。」

精神的には少し余裕が出てきている。そして、大学も春休みなので、四年の準備を考えた。卒論をどうするか、最初は、国語学の文法論や、時枝文法の研究などを考えていた。それから、教員採用試験のための準備も考えた。教職課程の問題集、専門科目としての古典の参考書、これだけは最低限やっておこうと思った。それで、教職問題については、雑誌も購入し、その通信教育講座を申し込んだ。大学の授業だけでは不十分だと思ったのだ。

会社の方は、校正チームでは私が三年経験して、アルバイトの中で一番古くなってしまった。仕事に慣れて、後輩に教える立場になっていた。ただ、時々、五時までに終わらない仕事を任せられることがあり、これには大いに閉口した。

また、正社員のリーダー的存在の人が、皆の前で、私の服装のことを「三浦さんの一張羅どうしたの、三浦さんの一張羅？」などと言って、からかってくることがあって、少々ムッとしたことがある。金がないから毎日同じコートを着てただけだ。私が夜間大学に通っていることを皆知っていたから、その時、周りの皆は何も言わず黙って仕事を続けていた。

13　大学四年になる

四月二日に、大学の成績発表があった。三年で受けた科目は全部とれていた。不安があった教職科目の「教育原理」がAだったので驚いた。授業で先生が説明していた教育課程表のあり方について、答案に詳しく書いたのが良かったのだと思う。「国文学特講」（源氏物語）はCだった。やはり古典は難しい。それ以外はAとBであった。あと四科目だ。

四月十四日、大学四年の授業が始まった。同級の皆も、無事単位を取っているようだった。今年は、四科目と卒論だけだ。あとは、教員採用試験に向けて何とか頑張らねばならない。教員採用試験は、一般教養と教職教養と教科専門科目の三種類だ。しかし、私は、試験勉強はもう何度も経験してきたので、要領がわかってきたような気がする。教員採用試験の問題集もあり、それ用の雑誌もあり、通信講座もある。それらをやっていると、だいたい、試験の傾向がわかってくる。私の場合、一般教養はまあまあできるが、教職教養と、教科専門の問題の中で古典がまだ力不足だった。それで、それに重点を置いて勉強した。

その時の日記、

「四月三十日、月曜、振替休日、曇。

特講Iで使うテキスト、漱石の『それから』を買ってきて再び読んでみる。やはり、懐かしい思いがする。漱石の小説は、なぜか懐かしく、落ち着く気がするのである。

今は、教員試験の勉強、教職教養の問題集をやっている。おれはいつも、試験勉強ばかりやっているようだ。こんなこと、早く終わってほしいのだが。だから、いつも気の進まない勉強をせかされてやっているみたいで落ち着かない。早く自分のやりたい勉強に専念したい。（文学、歴史、弁証法、生物学、教育学）」

どうしても不満が先に出てしまうようだ。

14　教員採用試験へ向けての決断

六月に、教員採用試験の願書を出した。北海道と神奈川県である。北海道が第一志望だが、採用人数がそれほど多くない上に志望者が多くて、倍率が高い。東京近郊の三県は採用人数が多いので、比較的受かりやすいようだった。教職の情報誌でいろいろ調べた。試験日は、神奈川が七月二十二日、北海道が八月一日だ。

その時、私は、一つの決断をした。七月六日（土曜）までに、今のアルバイトをやめる、ということだ。そして約一か月間、試験勉強に絞って集中的にやる。貯金も一か月くらいの生活費はできたし、教員試験は倍率が高くてなかなか受からないという話だったし、私の古典の力は他の人よりかなり低いと思われたし、正直、不安がいっぱいだった。普通高校を卒業して昼の大学で勉強している人たちと一緒に受験するわけだから、相当覚悟しなければならないと思った。

15　教育実習へ行く

そして、六月中ごろ、二週間の教育実習のため、札幌へ帰った。新琴似のアパートから母校の琴似工業高校へは、距離的には近いのだが、バスの便が悪いので、父の車を借りて、車で学校に通った。

緊張でいっぱいだったので、なるべく早く学校に着くようにした。その二週間毎日、職員室に着くと、教頭先生が来ていて、私は二番目に着いていた。初めの一週間は、主に担当の先生に付いて教室に行き、後ろに立って授業を見せていただいた。クラス担任も決めていただき、朝のホームルームも見学させてもらった。

授業の方は、教科書の下調べをやって自分なりのノートを作り、放課後には一日の日誌をつけ、担当の先生に見ていただく。最初の一週間はそれぐらいだが、二週目になると、自分で授業をやらなければならない。事前に教材を予習していくのだが、本番の授業ではなかなかうまくいかない。教壇に立っても生徒の反応を見る余裕がないのだ。こちらの言っていることが伝わっているかどうかわからないのである。ある一年生のクラスでは、私の説明が長すぎて、授業後半、眠そうにしている生徒が多くなった。私は、これはまずいと思って、急遽、段落を切り、漢字の問題を出して、黒板に生徒を出して書かせようとした。が、生徒は、仕方なくやっているという風で、まるで活気のない授業となってしまった。

改めて、人に教えるということの難しさを実感した。自分がたくさん知っているだけではだめで、いかに発信し、生徒との関わりをどう作っていくか、ということを考えて、それを実践できなければだめだ、と思った。

最後に、研究授業ということで、教頭先生や教科の先生方に見てもらったのだが、私の授業は、自分でも、あまりいいとは言えないものだった。生徒に質問を投げかけたりするのは良かったが、全体に単調で、山も谷もない平板な授業だったように思う。その時の私は、それが精一杯だった。

教育実習も何とか終えて、お世話になった担任、国語の担当の先生にお礼を言って、東京に戻ってきた。

16　教員採用試験のための猛勉強

そして、アパートの部屋に電話をつけようと思った。願書などの書類に、何かと、連絡先の電話が必要だった。また、初級公務員の時のように採用されるまでに、いろいろと電話連絡があるのではないかと思ったためだ。その当時、電話は、もちろん固定電話で、つけるには九万円くらいかかった。

教員試験のための月刊の情報誌が二種類有り、私はその二つとも買って情報を集めた。過去問もあるというので、郵送で申し込んだ。孫子の「敵を知り己を知らば百戦危うからず」の言葉を実行した。

まず、一般教養は、今までたくさんの本を読んできたし、英語も自分で勉強してきたので、ほとんど大丈夫。理数的な問題も難しくない。だから薄い問題集を一冊買って、一通りこなしていった。次に、教職教養の問題、これは、情報誌に問題例があるので、それを毎月一年間くらい続け、それ用の問題集を、解答を見ながら覚えていった。

あとは、専門教科、国語の問題だ。過去問や全国の教員試験問題集を調べると、記述式の問題が圧倒的に多い。それで、自分で解答を書けるように、何度も丁寧に問題練習をした。国語一教科だけだから、他教科を気にせず集中してできる。大学受験の時は、ある科目をやると他の科目のことが気になって集中できなかった。私は、いつも他のことが気になるタイプなのだと思う。

ただ、古典の力が弱かったので、その問題集を意識的に反復練習していった。中学三年の時、高校受験の塾の先生がくれた英語の問題集を解いていたときのことを思い出した。

七月中ころ、教職の情報誌が主催する教員試験の模擬試験を受けてみた。結果、合格率は五十パーセント程度と返ってきた。

七月二十二日、神奈川県の教員採用試験一次を受けるため、たしか藤沢市へ行った。その時、お昼に、会場近くのラーメン屋さんに入ってラーメンを頼んだが、そのラーメンには味がなかった。カウンターにはいろんな調味料が置かれてあるのだが、どうやって食べたらいいのかわからない。店の人に聞くのも何か恥ずかしいので、そのまま味のしない麵を何とかだいたい食べて終わりにした。店の人も何も言わず、二人で何か話をしていた。他の受験生も入ってきた人がいてラーメンを注文したようだが、途中でやめて、私のあとにすぐに出てきたようだった。何か特別な食べ方があるのかなと、今もわからないでいる。

試験問題は、模擬試験とだいたい同じような傾向で何とかできた。

八月一日、北海道の教員採用試験である。東京会場があって、場所は、たしか慶応大学の三田校舎を借りて行われた。とても暑い日で、クーラーが効いてなくて、試験中に、問題に集中するため汗が出てきて、答案用紙に、それがぽたぽたと落ちた記憶がある。次の日に、面接が行われ、一対一の個人面接で、面接官も話しやすい人だったので、それほど緊張しないで話ができた。

その時の日記、

「八月三日、金曜。両試験とも無事終了した。あと神奈川の二次だけだ。

北海道の専門科目、国語の問題は、ほとんど記述式。それも簡潔に説明せよ、六十字以内で述べよ、とか、割と長く書かせるものだったので、二時間あったが、時間いっぱいやってそれでも足りなかった。一問は最後に慌てて十字くらいしか書けなかった。現代文二題、小説と評論、小説はおそらく『金閣寺』で、評論『注釈の学と辞典の学』、古文は『枕草子』一題、漢文一題『孟子』。

古文と漢文は、この一か月くらいで、会社を辞めて問題練習を十題ぐらいずつやったかな。練習量は少なかったが、一通りわかった気がする。全く手が出ないという問題はなくなった。結果は十一月ごろになるが、どうなるか。

今年だめだったら、来年もう一回だけやってみようと思っていたが、この試験問題だと、あと一年やっても、それほどの向上は望めない感じがする。

問題は、北海道がだめで、神奈川県が受かった場合だ。やはり北海道がいい。

やはり、土地に余裕があるということは精神的に非常にいいのである。帰った時に、いつも思うのだが、道路が広く感じる。道路と建物との間、つまり歩道の部分にゆとりがある。それに、空き地や草はらがあり、土の地面、雑草の生えているスペースがあるということは、気持ちの上で落ち着くものだ。」

例によって、ネガティブな考えと、故郷の北海道へ帰りたいという郷愁の念が出始めたのだ。それなら神奈川を受けなければいいのだが、それほどの自信もなかったし、気持ちの余裕もなかった。

17　受験後の生活

試験も終わって、八月に、あんまり暑いので、池袋駅の近くのプールに行った。札幌では、中学や高校の時、屋外のプールしかなく、夏休みに友達と何度か泳ぎに行ったが、しばらく入っていると体が寒くなるので、長い時間泳ぐことはなかった。だから、クロールをやっても息継ぎができず、二十五メートル泳げなかった。

池袋のプールは、結構大きくて五十メートルあったと思う。そしてずっと水に入っていても暑いから体が寒くならない。さらに、水がきれいだったので水の中で目を開ける練習をして、次第に慣れてきた。また、何日かあとにいって、一日中プールに入って泳いだ。うまく泳いでいる人を見てそのまねをして、息継ぎを続けて、何度も泳いでいるうちに、突然、泳げるようになった。自分でもわからないうちに、楽に息継ぎができて、クロールを続けられるようになったのである。これは、自転車の練習をして、続けてやっているうちに自然に自転車に乗れるようになる、それと同じだと思った。自分でもびっくりだったのである。これは、暑くていくら水の中に入っていても寒くならない東京だからできたのだと思う。札幌だったら、途中で寒くなり水から上がってしまう。ここで水泳がおもしろくなり、ターンも少し覚え、いくらでも続けることができ、五百メートルくらい続けたこともある。また、クロールの次は、平泳ぎも練習して、初めはなかなか進まなかったのだが、うまい人のを見て練習して、できるようになった。息継ぎもできるようになったということである。その後も何回かプールに行った。

東京に来て、予想外の収穫であった。

また、ある暑い日の夜、私はいつものように、上半身裸で、布団の上に横になり寝ようとしていた。すると、アパートの隣の部屋からステレオの大きな音が聞こえてきて眠れないのである。もう、夜遅い時間であった。しばらくして、とても我慢ができないので、私はそのまま起き上がり、しかたなく、隣の部屋へ行き、戸をたたいた。

「もうすこし、音小さくしてもらえませんか。」と、丁寧に言った。しかし私の顔は、眠れず不機嫌そうな顔をしていたと思う。隣の人は私と同じくらいの年の男であった。

「あ、はいわかりました。」と言って戸を閉めた。ちょこんと頭を下げ、苦笑いしながら言った。

そのあと、音はぴたりと止んだ。あまりに素直に静かになったので、私は返って驚いた。後でよく考えたら、隣の部屋に行ったとき、私は上半身裸のままだった。私は筋骨隆々ではないが、若いときなのでそれなりの体格をしていた。相手は、きっと、私が裸でやってきたのでヤバイと思ったのではないかな、とその時ふと思った。そう気がついて、なんだか可笑しくなってしまった。こんなおれでも、相手が少し怖がったのかもしれないと想像して一人で笑ってしまった。私は、上半身裸でいたことを忘れていたのである。

18　読書再び

試験後は何も仕事をしてないので時間がある。それで、豊島区の図書館に行って本を読んだこともある。

「八月十一日、土曜。今日は、豊島区立図書館に行って一日中本を読んできた。一昨日『それから』を再読、読み終えた。懐かしくなって、『門』を今日、四時間かかって読み通した。宗助は役所を首にならず、昇給したし、小六は書生になれたし、お米は健康そうだし、悟りを開けなくたっていいさ。」

それから、九月からはどうするか考え、塾の講師のアルバイトを探した。アルバイトニュースや新聞の求人欄を見ると時々出ていた。ただ、遠いところが多い。埼玉県や千葉県、東京都の奥、日野市などであった。

そんなことを考えながらも、心に余裕があった。日記の中、

「八月十七日、金曜。

仕事をしていないと、一週間が実に長い。試験が終わってからまだ二週間である。これが会社に勤めていた時は、あっという間に一週間が過ぎ、一か月がたってしまう。朝は出勤のことで頭がいっぱい、家に帰ってくれば、風呂や洗濯。新聞などを読んでいると、もう寝なくては、と考える。土日は、レポートのこと、卒論のこと、やらねばならないという風に自分に言い聞かせ、常にせき立てられている案配である。

意識すれば一日は長い。ふだん、仕事に追われて意識することがないから、時間の長さがわからないのだ。時間の存在とでもいったらいいか、時間は空気みたいなもので、意識しなければ、その存在さえ忘れてしまう。

このようにいられるのも、物質的基礎があるからだ。九月分までの生活費を用意して、とっておいてある。」

「八月二十三日、木曜、曇。睡眠一時から九時。

今、おれの部屋には、スチールの本棚が一つある。一通り全部、本で埋まっている。最初、東京に来た時は、国語辞書、漢和と古語、和英、それぞれの小さな辞書、計四冊だけもってきた。あとは皆、こっちで買ったものだ。最初の借間にいた時は、小型のテーブルを買って、そこにブックエンドを買って、それにノートとテキスト、辞書を立てた。あと、持ち物といったら、段ボール箱一つの着替えとラジオと布団である。

その時は、文庫本と古本しか買わなかった。」

19　アルバイト再び――塾講師

次のアルバイトとして、塾をいくつか探して採用試験を受けた。筆記試験と面接があり、一つは不採用となった。もう一つ受けた埼玉県の塾が採用となり、九月十二日、水曜から行くことになった。開講したばかりの新しい塾で、私ともう一人の学生とで交代で勤める。たしか、彼が月、木、私が水、土と週二回だった。大学の授業のない日を入れてもらった。埼玉県三郷市、池袋から一時間半くらいかかった。今ではもう、どうやって行ったか忘れてしまったが、電車とバスを乗り継いでいったはずだ。金町という駅でバスに乗り換えたような気がする。三郷市の塾の周りは緑がいっぱいで、新興住宅地のようで、バスの窓から外を見ていると、札幌の手稲みたいで見晴らしが良く、気持ちがいい。

最初の授業は、小学五年の国語と中学一年の英語。小学五年のクラスはまじめで、よくできそうであった。素直で、私が言うとその通り実行する。中学一年のクラスは、男子三人だけで、元気がよいが、基本があまりできていない。だから、ほんとに教科書の読みなど、初歩から始めた。でも元気がいいので、やっていて楽しい。なんだか、私が小さいころ、北海道の歌志内で、ちびっ子たちを引き連れて一緒に遊んだ時のことを思い出した。やはり、教師の仕事はいいなと思った。

ある時、この三人にプレゼントとして、私のもっていた、小さなおもちゃ二つと、星の砂といわれる海の砂が入った小さな瓶、合わせて三つを三人にあげようとしたら、皆が、砂の入った小瓶の取り合いになってしまった。他のおもちゃも、小さい自動車のおもちゃでかっこいいと私は思ったのだが、彼らの関心は違った。私はちょっと困ってしまった。かえって悪いことをしたかな、と反省した。

それから、前の職場に行って、月曜日一日だけ、昼八時間アルバイトをさせてもらうことにした。塾だけでは金が足りなかった。一回やめたところなのでまた行くのは、ちょっと恥ずかしかったが、背に腹は代えられない。行ってみると、やはり、「出戻りみたいだ」と陰口を言う人もいたし、「来てくれたら、きっと助かるわ」と言ってくれた人もいた。月曜は、週刊誌の印刷校了日でとても忙しい日だったからだ。部長と話をしたら受け入れてくれた。助かった。

卒業まであと六か月だ。

九月十日、月曜。会社からアパートに帰ってくると、神奈川県の教員採用試験一次の合格通知書が届いていた。公務員試験初級の合格通知を受けた時と同じように、しばらく座り込んで、じっとその葉書を見ていた。

ホッとした。これで少し見通しが明るくなった気がした。神奈川の二次試験は二十一日、平塚市で実施される。

20　大学で「もぐり学生」の体験

九月十七日、月曜日から、大学の後期が始まった。いつものメンバーが出席していた。少し気持ちに余裕が出たころ、私は、他の学科の授業も見てみたいと思った。それで時間割や講義科目をいろいろ調べて、東洋大学の夜間部には教育学科もあったので、教育学科のおもしろそうな講義を何度か見に行った。いわゆる「もぐり」の学生をやったわけである。予想通り、その講義は大変おもしろかった。

二つのことを今でも覚えている。一つは、「立場のない立場はない」という言葉だ。その時は説明を聴いてもあまりよくわからなかったが、後年、教員をして働いているうちに、だんだんとその意味が理解できるようになった。

もう一つは、「トンチンカンはチンプンカンより偉い」というものだった。トンチンカンとは、全然関係のない別の答えをしている様だが、何かを答えてはいる。だから、それを違っているものと理解し、修正していけばだんだんと正解にたどり着く。誰かに教えてもらって直せばいいわけだ。それに比して、チンプンカン（ちんぷんかんぷんの略）は、何が何だか理解できず、白紙の状態である。これはゼロということだからどうしようもない。だから、トンチンカンの方はとにかく何かの考えがあるわけだから、周りの意見を聴いて修正していく余地があるということだ。

私はこれを聴いて、そうかと思い、今までの自分は、何か新しいことに対処する時、チンプンカンであり、白紙の状態で、相手の言うことを待つばかりだったような気がした。そして、トンチンカンなことを言う人を少しバカにするような態度で見ていたのではないかと、大いに反省したのだ。やはり、他の学科の講義も聴いてみて、とても勉強になった。その講義の教室はいつもほとんど満員で、私は一番後ろの端の方に座っていた。周りは知らない学生ばかりであった。教授は、私がたまにしか見たことがない学生だから、この講義の学生ではないと気づいていたかもしれない。が、教授は何も言わなかった。やはり大学は高校までとは違うな、と思った。

他にも、教育学科の演習か何かで、フロムの『自由からの逃走』という有名な本と出会った。この本を読んだ時の衝撃は今も忘れない。人間は自由を望んでいないとは。

今まで、私は自由を求めて生きてきた、と自分では思っていた。人間全体がそういうものだと、歴史的にも学んできた。自由、平等、博愛、フランス革命の三つの柱である。人間の歴史は、それらを求めて発展してきたはずだ。

それが、フロムによれば、人間は自由を求めてそれが実現するとかえって何をしてよいかわからなくなる。そして、誰かに指示あるいは命令されることによって、安心してそれについていく。従っていく。そうすることによって心の安らぎを得るという。

何ということだ。私は頭をガーンと殴られたような衝撃を受けた。

そういえば、浪人時代に読んだ、安部公房の『砂の女』という物語は、そういう主人公の心の不条理な働きを描いたものではなかったか。天才というものは、どこか共通するような所を持っているのではないか、と思ったのである。

九月二十一日、神奈川県の二次試験を受けに平塚市まで行った。池袋から一時間半くらいかかった。面接はまあまあで、論文試験があり、それが時間内にまとまらなかったが、なんとか書くことは書いた。あとは、卒論をどうするか、まだ始めていない。テーマは国文法の時枝文法だが、中身の構想がまだだ。文法に関する書籍を大学図書館で探し、読み続けた。

21　テレビの映画番組に感涙

十月二十二日、月曜。この日は忘れられないことがあった。午後九時から、テレビの映画番組で、松本清張原作の『砂の器』を見たのである。加藤剛氏が主演のものである。

アパートの部屋でこれを見ていて、私は途中から涙が出てきて止まらなかった。後半の、父と子が、二人きりであてのない巡礼の旅に出る。その様子を、私は泣きながら見ていたのだ。「あれは、おれだ」と、その時感じていた。あの子の気持ちがよくわかる、と思った。親と子だけは切れない。松本清張は子供に対する観察眼が鋭い。

あの親子は、子どもを一緒に旅に連れ出していることで、その子を精神的に殺してしまっている。だから、あの親は、その子を捨てることによって、その子を生かさねばならないのだ。三木巡査へ子を預け、子が追いかけてきたら、それを追い返す、涙をのんで、心を鬼にして、突っ返さねばならない。それによって子は生きる。実際、この作品では、子は戸籍を変えて、つまり親を捨てて、生きた。親は子を、ある意味、捨てなければならない。その父親も、ずっとのちに刑事が来た時、その子の現在の写真を見せられ、知っているかと聞かれ、「わあ」と叫ぶが、知らないと、首を横に振った。その父親も自分が何をしたのかわかっていたのだ。

翻って、私は、父を捨ててはいないが、正月も帰らず、離れて暮らし、手紙も電話もしない。しかし、離れることによって、自分のすべきことをして、今、大学を卒業し、教員になろうとしている。これが、もし札幌に一緒にいたら、まだ、喧嘩ばかりしていたに違いないのだ。

のちに、最近だが、この作品がリメイクされて、二度、テレビドラマとして放送されたのを見たが、これらは、私は、この作品に対する解釈が違っていると思う。

この親子問題について、二十数年後、私は、岸田秀氏の『ものぐさ精神分析』の本で詳しく学ぶことになる。

22　教員採用試験（神奈川県と北海道）に合格！！

十一月中ころ、教員採用試験の結果が来た。北海道も神奈川県も合格であった。北海道は、なんと登録Aである。北海道では合格者登録にAとBがあり、Aは確実に三月末に採用になり、登録Bは、この一年の間に、つまり来年の三月までにはどこかに採用される、というものだった。私は、これはたいしたものだと自分でも驚きつつも、本当に良かったと、しみじみ思った。

さっそく、教育実習をしてもらった琴似工業高校の国語の先生に電話で連絡し、アルバイトをした新聞社の上司にも連絡しようと考えた。

このときは、卒論に悪戦苦闘していた。ただ、文法論は決まっていたので、専門の本を読んで、自分なりに考えていった。

そして、十二月中ころ、どうにか完成し提出した。原稿用紙三十五枚だ。規定は、三十枚以上だからぎりぎりである。やはり思ったほどはできなかった。ただし、これは、他の論文の引用は一切しないで、自分の頭で考え、作ったものである。どこの文法書にも書いていない、私自身で考えた、言葉の意味についての考察である。理系が好きだったから、言葉も論理的に考えるとおもしろい。ソシュールなどの言語学がそうだった。非常に奥深いものがある。

十二月二十日から二十九日まで札幌へ行ってきた。教員免許申請のための身分証明が必要で、本籍地の歌志内市役所に問い合わせなければならなかった。

それから、琴似工業高校の国語の先生にも挨拶に行った。新聞社の上司の所へも行って報告した。私が北海道の教員試験に受かったことを話したら、上司は驚いていた。本当に、公務員と教員は人気があり、倍率が高くて就職が難しいと思われていたのである。

このまま、札幌で正月を迎えるのが普通だと思うが、私は、父と二人きりでいるのが、どうにも息が詰まる感じがするので、二十九日に東京へ帰った。

23　大学生活を振り返る

正月は、例年と同じく池袋のアパートで過ごす。店はほとんど三が日は休みだ。食堂も休みになってしまうので、外食もできない。三日分の食料を何とかしようと考えることになる。考えても結局、いつもと同じ、即席ラーメンとレトルトシチュー、あるいは牛丼。それでも実家にいるより、一人暮らしが良かったのである。

その当時の日記、

「一月十五日、火曜、晴、成人の日。

東京へ来て四年が過ぎる。この頃、時間に余裕が出てきたので、いろいろ考える。この四年間は、現象面では単調であったが、内面的にはずいぶん変化のあった時期であると思う。浪人していた四年間は、いろいろ仕事も変え、引っ越しもして家も変わったが、自分自身の中身はほとんど変化、成長がなかったような気がする。

もう、二十七歳の誕生日が過ぎた。」

「一月十八日、金曜、晴。

あと一週間で大学の授業が終わる。

長いようでもあり、短いようでもある。寂しい大学生活四年間ではあったが、学問的成長には著しいものがある。社会に対して、世界に対して、目を開かれた思いがする。

やはり、大学に来て良かったと思う。おれにとって絶対に良かった。」


このあと、期末試験の勉強をしながら、社会科学の本を読み続けた。フロムの『人間における自由』『疑惑と行動』、へーゲルの『小論理学』、エンゲルスの『自然の弁証法』などなど。また、へーゲルの弁証法について、それを解説した本を読んで、とても興味が湧いた。個別科学を貫く普遍的思惟の法則と書いてある。

弁証法の三大法則、一、否定の否定の法則、二、質、量転化の法則、三、概念化の法則。

これらは難解だと言われるが、身の回りの生活や自然に則して考えるとよくわかる。

一の「否定の否定」は、日常よく実践していることだ。例えば、道路を歩いているとき、ある道が工事中で通行止めになっていたら迂回していく。つまり、一旦、目的地へ行く道を外れて（第一の否定）、別の道へ行き、そこを通り過ぎたら、元の道へ戻る（第二の否定）。そうやって行動しているではないか。これはあらゆる生活の場面で現れる普遍的なものだ。自然においても同じである。例えば、植物の実が熟して地面に落ちて種となる（第一の否定）。その種が根を生やし、芽を出し、また新しい草木となって育つ（第二の否定）。第一の否定には第二の否定が予定として包含されている。これは人間の成長過程についても同じで、反抗期などがその例である。社会という動的なまとまりも同じことが言える。

二の「質、量転化の法則」は、量の変化が質の変化に転化するというものだ。例えば、人口が増えると、そこは都会と呼ばれ、人口の少ない地域つまり田舎と、質が異なる地域になる。人口という量の変化が、地域の質の変化を生み出す。つまり質の変化に転化する。

また、お金の場合を考えるとわかりやすい。お金の量が多いと金持ち、富裕層という生活、社会的地位になり、少なくなると貧困、下層階級などと呼ばれる。量の変化が質の変化に見事に転化する。また、これは読書の量にも言えると思う。私は、今までに千冊くらいの本を読んだと思う。この読書の量の変化によって、思考の質の変化が生じたと思うのだ。自分という人間の質の変化につながったと思う。

三の「概念化の法則」は、かなり難しい。ただ、私が理解したことは、単純にいうと「ある高い価値を持って有名になる、普遍的になる」ということだ。例えば、富士山。これは誰でも知っていてその価値を認め、各地方で、何とか富士と名付けて、その共通の価値を見出している。北海道でも、洋蹄山を「蝦夷富士」と呼んで、皆が観光名所として認めている。

これは人間でいえば、例えば、ある人を「あの人は現代の坂本龍馬だ」と言ったら、「坂本龍馬」が概念化されたのである。人は、究極的には概念化を目指して生きていく。

私の理解は、まだまだ浅い未熟なものであろうが、考えるだけでおもしろい。だから、その後も、弁証法の関連の本を読んで勉強したいと思った。これは文系でもあり理系でもあると思った。

二月に卒論の口述試問があり、担当の先生から、いろいろ質問されたり、まずいところを指摘されたり、指導してもらった。他の人と比べて長い時間だったようだ。何せ自己流の文法論を書いたから、独善的になっている部分もたくさんある。それでも、人まねや引用でなく、自分で考えて書いたから満足であった。先生も「なかなか論理的だ」と褒めてくれた。

24　神奈川県のこと

二月二十四日、神奈川県のある高校の校長先生から電話があり、教育委員会からあなたが配属されたが、来られるか。という内容だった。私は、「北海道を第一志望としておりますので・・・」と答え、その話を断ったのである。神奈川県の教育委員会には、第一志望は北海道、と回答は出してあったのだが、このときは、まさか、連絡が来るとは思わなかった。さすがに、後味が悪かった。その校長先生には本当にすまないと思った。

この時期は、月曜昼と塾のアルバイトだけなので、月曜以外の昼は、自由である。図書館へ行って本を読み続けた。

三月八日、北海道の教育委員会からの照会が来ないので少し焦ってきて、新聞社の上司に電話で聞いてみた。上司は、いろいろ調べてくれて、まもなく電話が来た。それによると、新採用の人には二十日から、通知が行く予定だ、とのことであった。A登録はまずまちがいないということだった。そして、決まったら一杯飲みに行こうと言ってくれた。心配性の私は、これでやっと安心した。

三月十九日、水曜、塾のアルバイトの最後の日である。小学五年生六人と六年生三人が、私にお別れのプレゼントをくれた。さらに、五年生は、お菓子や飲み物を用意してお別れ会までやってくれた。私は感激するとともに彼らは金持ちだなあと感心した。最後に皆で寄せ書きをした。

25　大学卒業式、札幌に戻る

二十二日、土曜日、大学の卒業式が日本武道館で行われた。このときは、友人たち数人と一緒に参加した。夜間部で四年間続けて、卒業できたのは、入学した時の人数より半分くらいになっていたと思う。単位が足りず、もう一年頑張るという者が数人いた。また、それぞれの地元の教員に採用された者も数人いた。その中に、三十年以上たった今でも年賀状をやりとりしている者もいる。皆よく頑張ったと思う。

二十四日に、引っ越し業者に頼み、荷物を札幌の新琴似の実家へ運んでもらう。東京に来た時より、かなり荷物が増えている。机、本棚、ベッド、テレビ、洗濯機（これはここでは一度も使わなかった）、ガスストーブ、そして、本の山、ふとん、以上である。荷造りは時間がかかるだろうと思ったので、飛行機は、次の日に予約してある。だから、この日は、このあと一泊、新橋第一ホテルに泊まる。

次の日、飛行機に乗り羽田を発った。窓から東京の街並みが見える。長かったような短かったような、この四年間を過ごした感慨深い風景をずっと見ていた。大学を卒業するまでに、高校を卒業してから、実に九年が過ぎていた。

札幌に着いて新琴似のアパートに帰った。ただし、引っ越し荷物は業者に一時保管してもらった。まだ配属先が決まっていないからだ。二、三日後、北海道教育委員会から、呼び出しがあり、本庁へ行くと、今年の合格者が四十人くらい集まり、座って待っている。私も、緊張しながら座って待っていると、担当の人が二人、前の席に着き、一人ずつ呼んで、配属先を告げて確認していった。私も呼ばれ、道北の高校に配属となった。

26　教師生活始まる

こうして、二十七歳の時、北海道の高校の国語科教員となる。その後、三十三年間勤め、六十歳で定年退職となった。

教員になって、最初の夏休みに、あのいとこの家に挨拶がてら遊びに行った。そうして、世間話をしているとき、横のソファに座っていた伯父が、「よくがんばったな」と労いの言葉を言ってくれた。私は、最初、なんだかよくわからず「え？」というような顔をした。そのとき初めてそういう言葉を言ってもらったのである。そして、振り返って考えて、（ああ、おれは頑張ったんだ）と、そのとき思った。何とも鈍感な話だが、これが私の性格なのである。

鈍感だったから、返ってこれまでやってこれたのかもしれないと、今になって思う。今では、「鈍感力」などという言葉もあるぐらいだ。だから、私は今までの経歴を自慢するつもりもない。こういう人生もあるものだと、自分でも不思議に、そして、懐かしく思うのである。

教員になるまでが二十七年、教員になって退職するまでが三十三年、比べれば、教員になってからの方が六年も長い。しかし、私にとって、この二十七年間は、とても長いような気がするのである。たくさんのことを経験した。たくさんの失敗もした。たくさんの後悔もあった。そして楽しいこともたくさんあった。

考えてみれば、大きな、とても大きな回り道をした。高校生までは、大学進学は諦め就職すると決めていた。そして就職した。それが一転、大学に行くと決心する。そして四年浪人して大学に行き卒業する。

また、小さいころから車や機械が好きで、図工や大工仕事が好きで、自分は理系で、建築士になろうと思っていたのだが、どういうわけか、本が好きになり、文学の勉強をして、教師になるための勉強をし、国語の教師になり、定年まで国語の教師として働いた。

自分の人生だが、自分でも何とも不可思議でならない。

人生は生きてみなければわからないものだ、としみじみ思うのである。

あとがき

このようにして、教師になって二年後、私は経済的に安定し、父も定年になり貯金もある程度できたので、子供の時からの夢だったマイホームを買うことにした。父と私と費用を半分ずつ出し合い、札幌市内に念願の一軒家を購入した。私は地方に転勤することが多いので、すぐに住むことはできなかったが、夏期休暇や正月休みなどの長期休暇、あるいは土日、連休の時など、その家に帰り、父子二人の平和な暮らしとなった。車も父と私とそれぞれ持つことができた。

こうして貧困から抜け出し、いわゆる普通の家庭生活を送ることができたのである。今更ながら、長い長い道のりだったと感慨深く思い出すのだ。

しかし、今振り返ってみて、どんなに辛くとも、諦めず、希望を持って、自分のやるべきことをやり続ければ、自ずと道は開けてくるものだ、と思われてならない。浪人時代の初めに読んだ『自分の顔に責任を持て』という本に「朝の来ない夜はない」という言葉があって、今でも忘れないでいる。確固とした信念を持って続ければ、ちゃんと見てくれる人がいる。暗闇の中にいても、必ず朝はくる。

私の場合、教員になるのに、ストレートでなった人より五年遅れたが、何の不都合もない。

かえって、私が民間企業に勤めた経験を、アルバイトも含めて評価して見てくれた。それは周りの先生方がほとんど教員の世界しか知らない人たちばかりだったからである。

「人生に無駄な経験はない」と言われるが、全くその通りだ。結果的に回り道をしたが、この経験が、辛い道のりを越えてきたんだという自信になり、今までの自分を支えてきたと言っても過言ではない。

この私の体験を読んでいただいて、読者の皆さんにも「自分も頑張ってやってみよう」という勇気を持っていただけたら、うれしく思うかぎりである。

平成二十八年一月

三浦哲夫

著者略歴

三浦哲夫。昭和２８年１月１２日、北海道歌志内市に生まれる。小学校５年の時に札幌へ引っ越す。札幌琴似工業高校建築科へ進み、昭和４６年４月、建設会社に就職。１年後退職する。以後、４年間浪人し、昭和５１年４月、東洋大学文学部第二部(夜間部)国文学科に入学。昼間アルバイトをしながら４年後の昭和５５年３月卒業。同年４月、北海道の高校の国語科教員となる。３３年間勤め、平成２５年３月、６０歳で定年退職となる。

貧困のため諦めていた大学に自力で進み
高校教師になった話

2016年4月15日　初版第１刷発行

著　者　三浦哲夫
発行所　ブイツーソリューション
〒466-0848 名古屋市昭和区長戸町4-40
電話 052-799-7391　Fax 052-799-7984
発売元　星雲社
〒112-0012 東京都文京区大塚3-21-10
電話 03-3947-1021　Fax 03-3947-1617
印刷所　モリモト印刷
ISBN 978-4-434-21812-5